陳福成著

陳福成著作全編

第二十二冊　性情世界

文史哲出版社印行

國家圖書館出版品預行編目資料

陳福成著作全編 / 陳福成著. -- 初版. --臺北
市：文史哲,民 104.08
頁： 公分
ISBN 978-986-314-266-9（全套：平裝）

848.6 104013035

陳福成著作全編

第二十二冊 性情世界

著　　者：陳　福　成
出 版 者：文 史 哲 出 版 社
http://www.lapen.com.tw
登記證字號：行政院新聞局版臺業字五三三七號
發 行 人：彭　正　雄
發 行 所：文 史 哲 出 版 社
印 刷 者：文 史 哲 出 版 社
臺北市羅斯福路一段七十二巷四號
郵政劃撥帳號：一六一八〇一七五
電話886-2-23511028 · 傳真886-2-23965656

全 80 冊定價新臺幣 36,800 元

二〇一五年（民一〇四）八月初版

ISBN 978-986-314-266-9 08981

陳福成著作全編總目

壹、兩岸關係

①決戰閏八月
②防衛大台灣
③解開兩岸十大弔詭
④大陸政策與兩岸關係

貳、國家安全

⑤國家安全與情治機關的弔詭
⑥國家安全與戰略關係
⑦國家安全論壇。

參、中國學四部曲

⑧中國歷代戰爭新詮
⑨中國近代黨派發展研究新詮
⑩中國政治思想新詮
⑪中國四大兵法家新詮：孫子、吳起、孫臏、孔明

肆、歷史、人類、文化、宗教、會黨

⑫神劍與屠刀
⑬中國神譜
⑭天帝教的中華文化意涵
⑮奴婢妾匪到革命家之路：復興廣播電台謝雪紅訪講錄
⑯洪門、青幫與哥老會研究

伍、詩〈現代詩、傳統詩〉、文學

⑰幻夢花開一江山
⑱赤縣行腳・神州心旅
⑲「外公」與「外婆」的詩
⑳尋找一座山
㉑春秋記實
㉒性情世界
㉓春秋詩選
㉔八方風雲性情世界
㉕古晟的誕生
㉖把腳印典藏在雲端
㉗從魯迅文學醫人魂救國魂說起
㉘六十後詩雜記詩集

陸、現代詩（詩人、詩社）研究

㉙三月詩會研究
㉚我們的春秋大業：三月詩會二十年別集
㉛中國當代平民詩人王學忠
㉜讀詩稗記
㉝嚴謹與浪漫之間
㉞一信詩學研究：解剖一隻九頭詩鵠
㉟囚徒
㊱胡爾泰現代詩臆說
㊲王學忠籲天詩錄

柒、春秋典型人物研究、遊記

㊳山西芮城劉焦智「鳳梅人」報研究
㊴在「鳳梅人」小橋上

㊵我所知道的孫大公
㊶為中華民族的生存發展進百書疏
㊷金秋六人行
㊸漸凍勇士陳宏

捌、小說、翻譯小說

㊹迷情・奇謀・輪迴、
㊺愛倫坡恐怖推理小說

玖、散文、論文、雜記、詩遊記、人生小品

㊻一個軍校生的台大閒情
㊼古道・秋風・瘦筆
㊽頓悟學習
㊾春秋正義
㊿公主與王子的夢幻、
(51)洄游的鮭魚
(52)男人和女人的情話真話
(53)台灣邊陲之美
(54)最自在的彩霞
(55)梁又平事件後

拾、回憶錄體

(56)五十不惑
(57)我的革命檔案
(58)台大教官興衰錄
(59)迷航記、
(60)最後一代書寫的身影
(61)我這輩子幹了什麼好事
(62)那些年我們是這樣寫情書的
(63)那些年我們是這樣談戀愛的
(64)台灣大學退休人員聯誼會第九屆理事長記實

拾壹、兵學、戰爭

(65)孫子實戰經驗研究
(66)第四波戰爭開山鼻祖賓拉登

拾貳、政治研究

(67)政治學方法論概說
(68)西洋政治思想史概述
(69)中國全民民主統一會北京行
(70)尋找理想國：中國式民主政治研究要綱

拾參、中國命運、喚醒國魂

(71)大浩劫後：日本311天譴說
日本問題的終極處理
(72)台大逸仙學會

拾肆、地方誌、地區研究

(73)台北公館台大地區考古・導覽
(74)台中開發史
(75)台北的前世今生
(76)台北公館地區開發史

拾伍、其他

(77)英文單字研究
(78)與君賞玩天地寬（文友評論）
(79)非常傳銷學
(80)新領導與管理實務

總序：陳福成的一部文史哲政兵千秋事業

陳福成先生，祖籍四川成都，一九五二年出生在台灣省台中縣。筆名古晟、藍天、司馬千、鄉下人等，皈依法名：本肇居士。一生除軍職外，以絕大多數時間投入寫作，範圍包括詩歌、小說、政治（兩岸關係、國際關係）、歷史、文化、宗教、哲學、兵學（國防、軍事、戰爭、兵法），及教育部審定之大學、專科（三專、五專）、高中（職）等各級學校國防通識（軍訓課本）十二冊。以上總計近百部著作，目前尚未出版者尚約二十部。

我的戶籍資料上寫著祖籍四川成都，小時候也在軍眷長大，初中畢業（民57年6月），投考陸軍官校預備班十三期，三年後（民60）直升陸軍官校正期班四十四期，民國六十四年八月畢業，隨即分發野戰部隊服役，到民國八十三年四月轉台灣大學軍訓教官。到民國八十八年二月，我以台大夜間部（兼文學院）主任教官退休（伍），進入全職寫作高峰期。

我年青時代也曾好奇問老爸：「我們家到底有沒有家譜？」

他說：「當然有。」他肯定說，停一下又說：「三十八年逃命都來不及了，現在有個鬼啦！」

兩岸開放前他老人家就走了，開放後經很多連繫和尋找，真的連鬼都沒有了，茫茫無垠的「四川北門」，早已人事全非了。

但我的母系家譜卻很清楚，母親陳蕊是台中縣龍井鄉人。她的先祖其實來台不算太久，按家譜記載，到我陳福成才不過第五代，大陸原籍福建省泉州府同安縣六都施盤鄉馬巷。

第一代祖陳添丁、妣黃媽名申氏。從原籍移居台灣島台中州大甲郡龍井庄龍目井字水裡社三十六番地，移台時間不詳。陳添丁生於清道光二十年（庚子，一八四〇年）六月十二日，卒於民國四年（一九一五年），葬於水裡社共同墓地，坐北向南，他有二個兒子，長子昌，次子標。

第二代祖陳昌（我外曾祖父），生於清同治五年（丙寅，一八六六年）九月十四日，卒於民國廿六年（昭和十二年）四月二十二日，葬在水裡社共同墓地，坐東南向西北。陳昌娶蔡匏，育有四子，長子平、次子豬、三子波、四子萬芳。

第三代祖陳平（我外祖父），生於清光緒十七年（辛卯，一八九一年）九月二十五日，卒於（年略記）二月十三日。陳平娶彭宜（我外祖母），生光緒二十二年（丙申，一八九六年）六月十二日，卒於民國五十六年十二月十六日。他們育有一子五女，長子陳火，長女陳鑾、次女陳燕、三女陳蕊、四女陳品、五女陳鶯。

以上到我母親陳蕊是第四代，到筆者陳福成是第五代，與我同是第五代的表兄弟姊妹共三十二人，目前大約半數仍在就職中，半數已退休。

寫作是我一輩子的興趣，一個職業軍人怎會變成以寫作為一生志業，在我的幾本著作都詳述（如《迷航記》、《台大教官興衰錄》、《五十不惑》等」。我從軍校大學時代開始寫，從台大主任教官退休後，全力排除無謂應酬，更全力全心的寫（不含為教育部編著的大學、高中職《國防通識》十餘冊）。我把《陳福成著作全編》略為分類暨編目如下：

壹、兩岸關係

①《決戰閏八月》②《防衛大台灣》③《解開兩岸十大弔詭》④《大陸政策與兩岸關係》。

貳、國家安全

⑤《國家安全與情治機關的弔詭》⑥《國家安全與戰略關係》⑦《國家安全論壇》。

參、中國學四部曲

⑧《中國歷代戰爭新詮》⑨《中國近代黨派發展研究新詮》⑩《中國政治思想新詮》⑪《中國四大兵法家新詮：孫子、吳起、孫臏、孔明》。

肆、歷史、人類、文化、宗教、會黨

⑫《神劍與屠刀》⑬《中國神譜》⑭《天帝教的中華文化意涵》⑮《奴婢妾匪到革命家之路：復興廣播電台謝雪紅訪講錄》⑯《洪門、青幫與哥老會研究》。

伍、詩〈現代詩、傳統詩〉、文學

⑰《幻夢花開一江山》⑱《赤縣行腳・神州心旅》⑲《「外公」與「外婆」的詩》、⑳《尋找一座山》㉑《春秋記實》㉒《性情世界》㉓《春秋詩選》㉔《八方風雲性情世界》㉕《古晟的誕生》㉖《把腳印典藏在雲端》㉗《從魯迅文學醫人魂救國魂說起》㉘《60後詩雜記詩集》。

陸、現代詩（詩人、詩社）研究

(67)《政治學方法論概說》(68)《西洋政治思想概述》(69)《中國全民民主統一會北京行》(70)《尋找理想國：中國式民主政治研究要綱》。

拾參、中國命運、喚醒國魂

(71)《大浩劫後：日本311天譴說》、《日本問題的終極處理》(72)《台大逸仙學會》。

拾肆、地方誌、地區研究

(73)《台北公館台大地區考古・導覽》(74)《台中開發史》(75)《台北的前世今生》(76)《台北公館地區開發史》。

拾伍、其他

(77)《英文單字研究》(78)《與君賞玩天地寬》（別人評論）(79)《非常傳銷學》(80)《新領導與管理實務》。

我這樣的分類並非很確定，如《謝雪紅訪講錄》，是人物誌，但也是政治，更是歷史，說的更白，是兩岸永恆不變又難分難解的「本質性」問題。

以上這些作品大約可以概括在「中國學」範圍，如我在每本書扉頁所述，以「生長在台灣的中國人為榮」，以創作、鑽研「中國學」，貢獻所能和所學為自我實現的途徑，以宣揚中國春秋大義、中華文化和促進中國和平統一為今生志業，直到生命結束。我這樣的人生，似乎滿懷「文天祥、岳飛式的血性」。

抗戰時期，胡宗南將軍曾主持陸軍官校第七分校（在王曲），校中有兩幅對聯，一是「升官發財請走別路、貪生怕死莫入此門」，二是「鐵肩擔主義、血手寫文章」。前聯原在廣州黃埔，後聯乃胡將軍胸懷，「鐵肩擔主義」我沒機會，但「血手寫文章」的

「血性」俱在我各類著作詩文中。

人生無常，我到六十三歲之年，以對自己人生進行「總清算」的心態出版這套書。

回首前塵，我的人生大致分成兩個「生死」階段，第一個階段是「理想走向毀滅」，年齡從十五歲進軍校到四十三歲，離開野戰部隊前往台灣大學任職中校教官。第二個階段是「毀滅到救贖」，四十三歲以後的寫作人生。

「理想到毀滅」，我的人生全面瓦解、變質，險些遭到軍法審判，就算軍法不判我，我也幾乎要「自我毀滅」；而「毀滅到救贖」是到台大才得到的「新生命」，我積極寫作是從台大開始的，我常說「台大是我啟蒙的道場」有原因的。均可見《五十不惑》、《迷航記》等書。

我從年青立志要當一個「偉大的軍人」，為國家復興、統一做出貢獻，為中華民族的繁榮綿延盡個人最大之力，卻才起步就「死」在起跑點上，這是個人的悲劇和不智，正好也給讀者一個警示。人生絕不能在起跑點就走入「死巷」，切記！切記！讀者以我為鑑！在軍人以外的文學、史政有這套書的出版，也算是對國家民族社會有點貢獻，對自己的人生有了交待，這致少也算「起死回生」了！

順要一說的，我全部的著作都放棄個人著作權，成為兩岸中國人的共同文化財，而台北的文史哲出版有優先使用權和發行權。

這套書能順利出版，最大的功臣是我老友，文史哲出版社負責人彭正雄先生和他的夥伴們。彭先生對中華文化的傳播，對兩岸文化交流都有崇高的使命感，向他和夥伴致上最高謝意。

台北公館蟾蜍山萬盛草堂主人　陳福成　誌於二〇一四年
五月榮獲第五十五屆中國文藝獎章文學創作獎前夕

城市遊俠》陳福成

綠蒂

稱這位博學多才，愛寫作、愛登山健行的退休人為「城市遊俠」，是有理由的。他急公好義，嫉惡如仇與他溫雅的外表並不十分相稱。他的寫作十分多元化，從歷史到文化，從戰略研究到兩岸關係，從回憶傳記到新詩創作，著作產量豐富而自成一格。為人謙虛正直，外冷內熱，一直行走在自己想走的路，做自己認為該做的事，對人對事都有特定的堅持與熱誠，人居城市，心在山野，猶是喧囂都會中的閒雲野鶴。

這本詩集，是他文字展現的「有情世界」，甜而不膩，多情而不濫情。他對四季時序的更替，對週遭的風景花卉、鳥魚蟲獸，均能以「情」入詩，尤其對親人，愛人、友人以及身邊的事物，更能以「愛」刻劃，而呈現在本文集之中，如他在描述陪伴他走過無數旅程的鞋子，那首「載人舟」，思物之情，趣味盎然。

這本詩集的作品，似是他遊戲人間的即興之作，從現代詩創作技巧來看，不能算得是上乘之作，但其獨到的思路與見解，用自己的文字方式來探索自己生命的稜線，仍屬難能可貴的作品。

期望他繼續以自己的高度，揮灑創作的觸角，讓人生的行腳更為寬遠而瀟灑。

二〇〇六年初秋於文協

問情

問情為何物？直教人生死相許
以命相博
愛到不能愛
聚到終須散
一世的聰明，情願糊塗
一身的遭遇，誰能傾訴

問情為何物？一種情愛永埋心中
生生世世的等待，一種情愛誓言寫下
世世代代的流傳
想要放棄，想要清醒

虞義輝

總是午夜夢迴，思念不已

問情為何物？低頭思語
問天問地問寒暑、問風問雨問朝露
一次邂逅　一段記憶
道盡無數的往事，留下無限的想像

問大師情為何物？緣起緣滅
今生有緣，珍惜呵護
今生無緣，來生再續
唯此情詩畫冊，流露永恆的心意，

詩劍江山

大約一百多年前，一向號令天下的武林盟主
因腐敗、墮落，久不練武，功夫盡失
一夜之間被另一股勢力趕下至尊的寶座
那些呼風喚雨的頭頭們，個個成了階下囚
至尊盟主垮台後，江湖上興起各大門派
各大小山頭林立，佔地為王，個個有來頭
決戰帖如雪片般飛出，英雄好漢都想一展長才
到處架起擂臺，武林中風聲鶴唳
免不了一陣陣腥風血雨，顧不了蒼生疾苦
十八般武藝輪流上陣

南拳與北腿對峙，陽謀與陰謀論道
持續數十年，江湖上依舊糾纏不清
黑白兩道都無道，都只為謀奪盟主大位
三十多年前，我無端捲入這場武林爭端
當年我雖年青氣盛，卻也正氣凜然
決定南行拜師學藝，苦修七年
跟隨一票師兄弟下山，為維護武林正義而戰
縱使戰到最後一兵一卒也不惜
劍在人在，劍亡人亡
並隨時以詩誌之，確保歷史正義得以發揚
縱橫五嶽天山，向長江黃河進出
是我一貫的志向
削平群雄，統一中原武林
是最後的目標
三十多年奔走，物換星移

序 FOREWORD

各大門派轉戰海外孤島
島雖小，也有個島主，安定不久
各大門派為搶奪島主大位又架起了擂臺
最後形成南北對峙決戰，漫天戰火
只管輸贏，不管道義，更顧不了眾生苦難
小小的一個小島，經不起動盪
正在一步步下陷、沈淪、下陷沈淪
我有些厭倦，決心退隱深山
修煉另一種武功
以筆為劍、為刀、為槍、為武、為文……
變幻莫測，去來無蹤
或煉製成一首詩、一行字，乃至
一個字
就能傷人、能殺敵，攻略千里外目標
能圍剿任何邪魔歪道，維護中原武林正義

能鏟除一切敗類、毒草以及腐敗墮落的篡竊者
近二十餘年來，中原武林興起一股公平正義的勢力
盟主武功高強，是正義的化身，乃蒼生之福也
現在，我一提筆，用一首詩
能進出歷史時空，密訪三皇五帝
在五嶽天山間高來高去，飛簷走壁
在長江黃河間進進出出，來去自如
煉字寫詩
一筆在手，詩在
人在詩在，人亡詩亦在，此刻的我
明心見性，情牽世界

目錄

D·I·S·P·O·S·I·T·I·O·N

C·O·N·T·E·N·T·S

目錄

D·I·S·P·O·S·I·T·I·O·N

C·O·N·T·E·N·T·S

目錄

D·I·S·P·O·S·I·T·I·O·N

《第三輯》 與情婦訣別書／109

C·O·N·T·E·N·T·S

目錄

D·I·S·P·O·S·I·T·I·O·N

C·O·N·T·E·N·T·S

目錄

D·I·S·P·O·S·I·T·I·O·N

《第六輯》讀兩個人和一座山／227

C·O·N·T·E·N·T·S

第一輯
去大肚山看媽媽

今天正好我順道，帶妳出來散散步

解解久未謀面的思愁

去大肚山看媽媽

南下洽公，心中也想著媽媽
我刻意繞道去大肚山看媽媽
這麼久沒去看媽媽，她一定在碎碎念了
山風有媽媽的味道

住在這麼小的寶罐裡，鐵定不太舒服
總要等到一年一度兒女來開封
把妳請出來，讓妳高坐在上
給大家再一次相聚和話家常的機會
今天正好我順道，帶妳出來散散步
解解久未謀面的思愁

大肚山冷風日急，怕媽媽著涼
還是快些進屋裡吧！
給媽媽的錢，燒的滿天飛舞
飄成一封封給媽媽的信
香煙繚繞飄成片片思念
都快速穿透時空
伴妳度長夜

二〇〇五年十一月三十日，我到台中辦事，順道去大肚山看媽媽，有感而誌。

思念

妳的手不斷左搓右揉孩子們的歲月
長繭、有斑
妳老邁的速度
和我增長智慧比快
孩子們的歲月壓著妳
彎腰、駝背
左鄰右舍都說妳老了
現在，歲月再也壓不著妳

只有我知道
妳已再度年青，脫胎換骨成為
一個我
妳雖遠去
也永遠是我心中那個青春不老的名字

二〇〇六年母親節於台北

為甚麼會是妳

為甚麼和妳有約？
在每個夜晚，夜風開始搖曳生姿
妳總是姍姍來遲
遠處，林邊，一個淡然的身影
我知道是妳
睡蓮的芳香是一種約定
妳的溫熱流進我的海洋
海天心雲交融的約會
於焉完成
啊！為甚麼會是妳

只能在這裡戲弄人生
恨不得就在這夜裡
緊緊擁抱纏成一株
永恆站立的樹
紅花綠葉同體

一九九六年冬在台大醉月湖
秋水詩刊，129期（95年6月）

她想要的

他，給她滿天雲彩
他的誓言，他的愛意
如雨前的雲
那般多、厚、濃

他，給她買小套房和名牌所要的銀子
他沒有誓言，不說愛妳
只有如小河彎彎
涓涓細流的銀子

我知道　她想要甚麼？

只有我知道這個天大的秘密
若讓她不漂亮，她會坐在地上哭
於是，我始終把她粧扮的
像一個公主
並且告訴她，把天下搞垮了
我也絕不怪她
這就是她夢寐以求
她想要的

一九九七年秋台大

秋波

只是驚鴻
回眸的一道波光
如春的季節
彩蝶飛舞
與花瓣　接吻
每次回眸都是那道
晨光
就能粧扮每個
瀲灩的季節
瀾漫在山明水秀的心田

妳是彩蝶，我是紅花綠葉
妳是晨光，我是那適宜戀愛的季節
妳是陽光，我是能承擔讓妳
灑野的
大地

二〇〇五年秋驚鴻一見她之筆記

初見她

驀然
夜空
就飄出一朵飛碟
奇幻，引誘現場每一雙眼睛

偶然
林間
就飛出一雙彩蝶
自在，輕敲著每一顆心靈
燦然

眼前
兩顆光彩奪目的明珠飛來
驚鴻，每一顆心都七上八下

乍然
晨起
她溫柔如春，初見恨晚
驚嘆，擁有一朵花勝過一座花園

二〇〇一年春日

她，在醉月湖

醉月湖水波盪漾
些許春愁，還是春天，吹著春風
微風情不自禁
漣漪掩不住她內心的秘密
整座湖醉的腮紅氾氾
橋畔垂柳，酥髮飄逸
在微風中，輕柔的手
撫弄那醉了的湖面
看她，柳姿湖色的腰

她是一幅迷惑醉人的風景
我也一醉入迷
與妳相約在夢境
醒來時
已是深秋

一九九七年秋在台大醉月湖
賞春景有感

風鈴

那年春天，妳買了一個風鈴
說要把我們生生世世的情愛都串起來
年年歲歲都有一串串、一串串

愛語
串成一串串、又一串串

愛的故事
把愛永遠掛在我倆的窗前
碰巧那天夜裡，月老臨窗為證
這些年來，我也常聽到風鈴的叮噹
時哭、時笑，不那麼悅耳

我們相隔萬里，心窗上各掛著風鈴
我聽不到妳風鈴的傾訴
妳聽不到我風鈴的呼喚
月老常臨窗探問，總沒答案

我們倆
心上的風鈴還要掛多久？
天長地久
風鈴依舊叮噹叮噹
串不成兩地思情

二〇〇〇年春夜有感
秋水詩刊，130期（95年7月）

花錢哲學

一百萬
讓一朵花對你微笑
值得
再一百萬
讓一朵花為你綻放
也值得
再一百萬
一朵花為你垂淚
還值得

十塊錢
花對別人笑
天大的不值得

一九九七年春日台大夜間部　偶感

我的孵卵歷程

我最早是用槍孵卵
二十年，竟孵不出甚麼東東來

後來改用筆孵卵
不出五年，竟孵出了日月光明

現在我筆下可以生出和太陽一樣大的卵
可以生出像月亮一樣的蛋蛋

最近我心血來潮又開始孵卵
一顆一顆，圓圓亮亮
掛在天上

星星、月亮、太陽
其實後來我想通了
用槍、用筆孵卵都未必正確
用心、用腦袋孵卵才對

註：乾坤詩刊，第31期，二〇〇四秋季號，用題「孵卵的方法」，刊後再修，並用本題。

如夢如雨——記書法家張夢雨教授

你看他，瞬間提筆，振筆一飛
風起雲湧
雪白的天空立刻就不一樣
向右，飛龍在天
向左，飛揚拔群
在上，飛簷走壁
在下，飛沙走石
猛一收尾，在險峻的斷崖處勒馬
你看他起落
輕輕一點，落英繽紛，雪花飄飄

再一使力，秋風落葉，一掃殘雲
如夢如雨

你看他濡筆蘸墨
蘸住現場所有觀者的心
眾人一顆心，七上八下
驚草入蛇，血壓上升
眾人驚魂未定，他筆陣橫掃
傾刻，大局抵定，鳴金收兵
眾人大吸一口氣，回座，吮一口酒
壓驚

後記：二〇〇四年某晚，偕一群詩人朋友（吳明興、方飛白、范揚松等），到桃園客籍書畫瓷刻名家張夢雨教授家中，觀揮灑狂草印象。

居家生活

煮飯的學問可妙了
退休後在家負責煮飯
飯常煮的不夠熟
妻在一旁安慰說，以前生米很快煮成熟飯

筷子的精神
每天只忙著為別人吃香喝辣
虧待了自己
以致瘦成一支竹竿
打掃的方法

前半生打掃天下的腐敗骯髒
現在只負責一個屋子的清潔
但最難的還是那方寸之地
不管怎麼掃，總覺得不夠乾淨

茶葉與佛法
學佛、學佛，佛在那裡？
看那片茶葉，不顧水深火熱
縱身一躍
下海，為救眾生飢渴
那些自稱要救民於水火的政客們
汗顏啊

白紙黑字
眼前方格之內
就有萬畝土地，只是榛狉未啓
用你的筆墾荒吧！
要成農地或都市用地
月旦春秋或賣國
都行
沒退休的時候，我常繞著人家轉
退休以後，九大行星繞著我轉

退休生活第七年，二〇〇五年冬。

白髮

我以為讓妳用了名牌
把妳打扮的花枝招展
讓妳烏溜溜的，婀娜多姿
就能改變所有人的眼睛
沒想到，沒想到
妳依然洩漏了我心底的秘密

真相大白反而是好
我現在喜歡妳的真誠
管他黑白
真理唯美、真誠唯善

一九九八年某夏日午後，在台大夜間部

如來

一切都只是假設
包括人生
無有亦無無
未來也未去
來去皆空
只是我們須要一個
求證的過程
我是如來

二〇〇五年春的一個星期二，人正在台大值班室空想，腦袋空空，閃出一個這樣的感覺，拿筆寫在筆記簿中。

五十偶感

往回看，如坐子彈列車
一下子就到了半百車站
離下車還早吧！距終點站更遠
冷不防地，同時上車的夥伴
有的不說再見就下了車
我還是一路往下開

突然靈光一閃，人車進了隧道
一片懵懵懂懂，不知天高地厚
短暫光明，又進入一段月黑風高
這一路下來

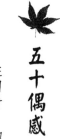

極少有雲淡風輕的溫柔
我十五而立，四十多惑
大多時候是一個人在隧道裡摸黑
走到半百，總算不惑

人生如乘子彈列車
速度奇快
白駒過隙，白雲蒼狗
江湖依然不好混，社會一樣黑
一不小心人車俱毀
我下不下車，這些都不會有甚麼改變
小歇片刻，車再啓動

現在由我接手親自開子彈列車
我重訂時刻表、速限及停靠站
我慢慢的開，自在的走
管他藍綠黑白

二〇〇一年元月五十感言

相思

半生尋尋覓覓
只想著尋流溯源，追根查柢
終於來到秋水之湄和葡萄園鄉
滿山遍野都是奇花異草
個個都是人中龍象
可我，獨愛那
雁翼、木斧、沙馬、魯川、李明馨和蔣明英
華心、穆仁、段焰、荒田、何夕報和蔣登科
我逐一審視、閱讀或縱橫切片
恨不得把他們一個個全都釀成

一罈、一罈、又一罈——好酒
一夜飲盡
才能解我半世之相思苦
但終究還是杯水車薪
遠水救不了近火
就讓那相思情火燒吧！

只因老爸說五十多年前自天府之國來
那一絲絲血脈，燃起的相思情
就算把好酒都喝了
飲盡秋水和滿園葡萄蜜汁
又能如何？相思依舊

寫於老爸來台第五十六年，公元二〇〇六年夏日
秋水詩刊，一三一期，二〇〇六年十月

夕陽西沈

經歷漫長的起落
一輪紅日即將墜歸夢的家園
此時
高山、平地、深谷、海面有甚麼區別？
晚歸的鳥兒
隨風一起向西趕路
沈沈重重的紅日
腳步越來越重
樟山寺的晚鐘
催促爬山的人，該下山了

夕陽西沈
回家吧！

後記：近年有閒情，每週一、五下班後，與妻到政大後山散步，沿著山間小路走到離樟山寺入山口不遠處，來回約一小時，下山時常看到夕陽西沈美景，以詩記下這幅美的感覺，似乎也有一些感慨。

頓與悟

讀了一輩子書
稱重幾頓
總是不悟
寫作幾十年
著作等身
經典未出
大學研究所拼命讀
結果陷入定義的框框架架
又鑽進了一層層心籠

現在乾脆全都丟了
人輕飄飄的飄到高空鳥瞰
開啓頓悟的契機

一九九七年春日黃昏
在台大傅鐘下
刊葡萄園詩刊 171 期，2006 年秋季號

不一樣的誕生

他知道，滑過一條陰涼的路徑
就上了人間道

她知道，挨了一刀
哇！出人命了
也上了人間道

她是人家從菜市場撿到
有一雙雙仁者的手抱著她
她從仁者的手誕生，才慢慢的
一步一步，走上人間道

小記：二〇〇五年冬，我偶然從電視報導得知，口足畫家楊恩典小姐結婚了，而且有了孩子，母子均安，且嬰兒很「正常」，這真是「恩典」。楊恩典雖是一個小人物，但我認為她是台灣真正的奇跡，「台灣傳奇」也，我不認識她，但多年來我始終用口足畫家的卡片，得知她有喜事，有感而寫。二〇〇五年十二月底於台北。

夫妻殺手

這也是現代化民主社會
成果之一，看這場景

時間凍結在同一舞台
男人手握鋼刀，女人手拿菜刀
所幸已被警方強力制服
狗識相的蜷伏，貓害怕的跑了
獵物正被抬上單架
賣相特好，觀眾特多，人山人海
媒體、警察、社工……

關心的口水，氾濫成災
有攝影記者大喊：有了！有了！
明天的頭條新聞有了
「爸爸是殺手，媽媽是共犯……」

後記：二〇〇四年夏，某日看一則社會新聞有感，二〇〇六年九月，「花蓮五子滅門命案」爆發，新聞天天報導，與數年前寫的詩境如此神似，人間多麼無常而弔詭。

城市中的游牧者

小倆口帶著一家老小在城市裡
過著游牧生活

偶然，在深夜
走過一〇一大樓
三三兩兩用光鮮亮麗的眼神
把這一家子更快速放牧到更遠的城市邊緣
今夜，小倆口還是盡責
找到一些剩菜剩飯，讓小蘿蔔頭們填填肚子
再找一處郊外的空屋過夜
有一天晚上，像是官爺的人來關心

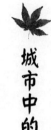

問我們小倆口有沒有甚麼証件？
身份證、户口名簿和印章都可以
可以辦一張飯票，政府送一棟房子
從此以後，吃住不愁

小倆口心中燃起一點希望
很快在像垃圾堆的行李堆中找證件
比在垃圾堆中翻食物更有精神
想著，從此以後，吃住不愁

後記：報載有一家子「流浪乞丐」，在台北市區過著游牧生活，更不幸的，被歹徒盯上，把他們當「人頭」拿來到處騙錢，年頭真是越來越差了，寫於二〇〇四年冬。

我

人人都有一個我
絕大多數的人不認識我
白天的我不認識晚上的我
家中的我不認識外面的我
到了外頭朋友滿天下，就是不認識我
台面上的我也不了解台面下的我
你看，人海茫茫，眾生云云
我是誰？人、鬼、仙、魔都有可能
我與眾不同，我認識我
我就是歷史，古早古早就有我

否則唐堯虞舜夏商周如何延續到今天
我始終提筆寫史記
無窮的未來還是有我
否則，中國往何處去？

我就在這裡，與歷史同步，與中國同行
我雖兩袖清風，卻滿腹春秋大義
亂臣賊子和篡竊者，聽我、聞我、見我
準會嚇的皮皮剉

註：二〇〇五年十一月，未曾謀面的詩人汪洋萍先生送我兩本他的詩集，「良性互動」和「浮生掠影」，在「浮生掠影」，封面有「原我」一詩，讀後另有所感，以詩誌之。葡萄園詩刊，172期，二〇〇六年，冬季號。

暗戀胡美人

妳的美人間找不到
只許天上有
脫俗如「梅花」、如月
只能在遠處欣賞
再怎麼看
都還「雲深不知處」
「我們都是這樣長大的」
愛看「筧橋英烈傳」
更愛看「茵夢湖」

聽妳「胡言夢語」
曾和妳有「般若之旅」
敢「自由、愛、行動」
世間女子有幾

在遠處欣賞妳的飄逸
比中秋賞月更有感覺

一九九四年春初到台大
在男一舍

月光照椰林

靜靜的夜，有人唱起了情歌
儘不住月色挑逗，椰林不干寂寞
與微風伴成和音天使
月色的大愛，夜晚的眾生感受到了
涼涼的夜，我們把戀情擁抱的更溫暖
儘不住秀色香甜，就讓大地把我們托起
這一刻，椰林、杜鵑、草花、妳我
還有誰不為之陶醉入夢來？
假如這世界永遠這般多好

椰林月色都溫柔，妳我是仁人君子
我願意是椰林大道邊的任一株小草
永遠聽妳唱歌，任妳擁抱
直到永遠、永遠！

一九九八年五月，某晚在台大夜間部下班，椰林大道賞月、偷閒。

命

蔓藤從小嬌生慣養
纏功一流
使出婀娜嫵媚的身段
千手繚繞
千眼監控
從四面八方佈下天藤枝網
看你那裡跑？
我就是愛攀在你身上耍嬌

榕樹從小吃苦耐勞
獨立性強

有擴張版圖的雄心壯志
現在他鋪天蓋地，事業愈做愈大
他累的直喊、
娘子！娘子！放鬆些，給我一點空間
她愈纏愈緊
我愈來愈吃不消，愈想往外發展

記老家一株老榕樹與蔓藤的戀情
二○○五年冬於台北

第二輯

辦公室之花

有妳在，辦公室裡花團錦簇

春潤秋爽，冬暖夏涼，日日是好日

大家辦公有精神，公文旅行速度快

辦公室之花

春天時

放眼望去，滿山遍野，春暖花開

只有一朵可愛的紅花

風情萬種在各辦公室穿梭

三長辦公室前更是搖曳生姿，裡面細語綿綿

所到之處，春續彩繪

叢林環境為之丕變

而有了

紅花綠葉，彩蝶飛舞，個個心花朵朵開

沒有四季，只有春天

春日苦短，恨不得延長上班時間或天天加班

夏天時
是吃冰淇淋的季節
妳在，辦公室不須開冷氣，省了很多電費
秀髮飄逸，裙擺翻飛
散發滿室飄香，陣陣微風
窗外大樹上的蟬，議論紛紛
妳的清涼，使夏天溫馨

秋天時
蕭索氣氛愁煞人
有妳在定使秋波微送

滿山遍野又熱鬧了起來
牡丹、海棠、菊花爭著競選「辦公室之花」
都成了一隻隻名落孫山的秋扇
妳的秋波、秋風，如春天好景
秋水伊人

冬天時
寒氣逼人，冷風刺骨
妳成了辦公室冬日的小太陽
妳雖也裹的緊緊，包的密不透風
依然滿山飄著香風
滿山遍野，五彩繽紛

光是五官，就有五顏六色美景
妳是這裡的花神，人間少有
四季都能開花，永不凋謝

四季的花園裡免不了爭奇鬥艷
大家都想當名模、校花、名花
或至少辦公室之花
不少阿枝阿花又想來和妳較量
花雖多，都是東施效顰
更多的花，開的快，謝的也快
真是傷人又傷情啊

辦公室之花有時請假或出差洽公

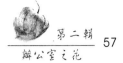

裡裡外外到處呈現一片
春殘冬眠，夏令營或秋風過耳
所見儘是惱人的風景，那有心情辦公？
四季可以遞嬗，人事可以輪替
而妳，千萬別走開

有妳在，辦公室裡花團錦簇
春潤秋爽，冬暖夏涼，日日是好日
大家辦公有精神，公文旅行速度快
公家單位的官僚氣息一概不在
遠勝行政革新大改

一九九九年元月在台大假日值班
午睡一夢，醒來草成此詩

另一朵花

滿山遍野，紅花綠葉
花很多，百花齊放
看啊！遠處邊邊的角落有一朵
你不能說那不是一朵花
有蝴蝶、鳥兒、蜜蜂和小白兔
接近這朵花，想要逗她開花
花不領情
她想，不須逗也會開花
她在角落孤芳自賞

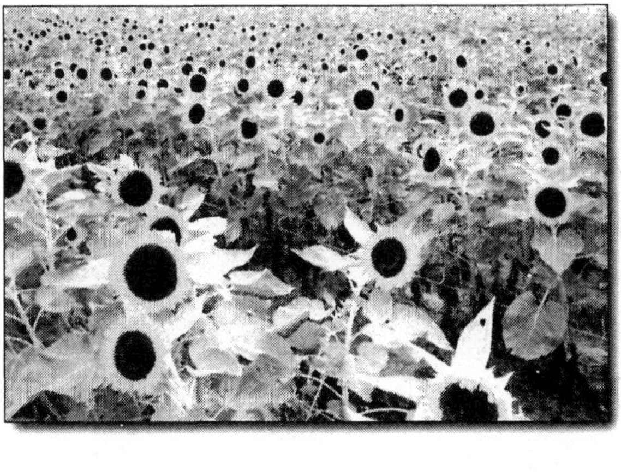

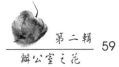

不久未謝先枯萎
她四季如黃花
在辦公室角落垂頭喪氣

一九九九年春節在台大值班室

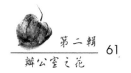

礁石說

我們不必學習甚麼「把妹妹」工夫
我們天生就愛泡在一起
我們也不會害相思病
經年累月，有風沒風，不分日夜
我傾聽妳枕邊細語
妳偏愛我沈默寡言

我雖嚴肅無趣
卻願生生世世與妳泡在一起
濃情蜜意，永不分離
餐風露宿，也不嫌棄

這種只要愛情不要麵包的純情故事
我倆獨有
愛情的純堅感動天地，超脫輪迴
穿透時空，共守不出走不外遇的天命
生生世世泡在一起

一九九八年春某夜在台大值班室

礁石又說

她成天總愛纏著我
在耳邊瀝瀝瀰瀰
就像永恆不休的耳鳴
愛語不足，聞聲起舞
就在眼前漣漣迴旋
就像永恆高掛的星雲
我知道她說的就那三個字
我理她時，清歌妙舞，淫淫潺潺
我不理她，潢池弄兵，滔滔滾滾

她的煩
無非想考驗我的耐性

二〇〇〇年春有感再記

礁石再說

不可否認的
任由波浪衝撞
我依然毫髮無傷，頂天立地
這一生經歷多少大風大浪
我始終不為所動

不是我吹牛的
眾生之中
個個滿口仁義道德
能真正做到八風吹不動的
只有我

二〇〇〇年冬有感再補記

庭園景觀

「帝王」北面君臨
一統江山
不論老母雞或秋海棠
不管芋頭或蕃薯，統統終止了
廷爭

世風日下，桑間濮上
柱石傾陷，樑木其壞
荒煙漫草，棟折構崩
縱有「竹林七賢」
竹節筆桿也猗靡

「落地生根」

他鄉即故鄉
再過些時日
他鄉、故鄉都只是
埋骨故園

媒體

發現有隱情在魚缸
泡泡泠泠

貓
沈機觀變
攀爬
伸出利爪、攫取、切割

禿鷹
用嗅覺神經佈下天羅地網
搜尋蛇、鳥、雞、魚……

一切新鮮肉品
不然，過期的也行
我就是能化腐朽為佳餚

秋水詩刊，125期，94年4月

北投春天

北風受不了春心的攻勢
一個個春夢無痕的逃回北大荒
紅花綠葉紛紛春情發動
大街小巷到處是春天
春山如笑，春風風人
那家少男少女不思春
白頭翁也想要第二春
大家相約到春宮、喝春酒、飲春露、表春情
據說，能讓人長生不老的只有春——藥
據說，能讓蝴蝶快樂飛舞的也只有春天

（年後還有春天的感覺，誰知三月已不是春天，寫於二〇〇五年夏）

窗

讓空氣進出，陽光進來
讓感情進出，愛人進來
讓金銀財寶來來去去

沒有窗，這可怎麼辦？
如今，只有妳
是我今生今世唯一可以
進出的窗
關閉一扇窗
自殺死亡率節節上升

二〇〇五年十月間媒體天天報導自殺有感誌之

苦行

白色的曇花
種植在白瓷做成的小天地中
依然盛開每一朵白璧無瑕的奇葩
第二十朵純白尚未綻放
基因產生奇怪的變化
不得不帶著剩餘的瑰麗
含玲在黑暗的幽谷
午夜幻化成一隻鳥
飛向虛無
螟蛉潸潸的螢光，無人看見

棄婦冷冷的哀愁，無人聽見
在輪迴的路上她是一個無法修成正果的
苦行者，出世與入世
永遠矛盾
望秋風把落葉飄成
一枝秋扇

完稿於一九九八年春某夜在台大值班室

黃昏彩虹

仙女匆匆趕回天庭時
不小心掉落的彩帶
而旁邊那朵彩雲
洽似掉脫的衣裳
天邊歸鳥一陣嘩然
追了上去

落日在遠處嘆息
離情氤氳

凝結飄落成紛紛細雨
朦朧的大地

夢境天成

椰子、杜鵑和相思樹
一動也不動看傻了這片
風景

一九九六年夏日黃昏在台大椰林大道
看到一片美景的筆記

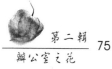

山河頌

山把河提起
一倒——
他就萬古流芳

大地的彩筆
劃破叢山峻嶺
劃破寂靜的時空
把時間拉長，向永恆
把空間擴張，向無限
終於把這張五千年的臉劃成多彩的大地
流也流不盡

啊！山河大地
有母親的溫柔
有慢跑者的自強不息
不死的龍
把歷史舞成
一條永恆推動前進的路

小記：民國六十九年間，駐地在馬祖高登，天天望著祖國山河，無限感慨，寫成詩的筆記，很久很久以後，公元二〇〇四年春修訂，名題「山河頌」。

巧遇梅峰禪修者

一個偶然的因緣
在梅峰農場古林區巧遇
入定千年，仍在禪修的
古巨松

滿頭雞皮鶴髮
全身住滿慈悲共生的同修
這是一段奇緣

鳥瞰滿山翠黛，百花紛紅
而老者從未動過凡心

千年紅塵不染塵
百回花叢不染身
千載難逢的良機
當下拜師，傾刻頓悟

一九九七年暑假在台大梅峰農場古松下
「葡萄園」詩刊170期（2006，夏季號）

翻雲覆雨

雲雨正在排演一齣驚心奇景
大海洋搬上了天空才有的動勁
恍若海龍飛天時特有
專為某一戰事做準備的
佈局

烏雲來攪局，頓時天空黑白不分
敵我不明的啓動一場
迷迷糊糊的戰爭
有風推波助瀾
海洋竟淹沒了全部天空

如此狂飆的演出
舞台遠在天邊
觀眾個個看傻了這場天地交會的神秀
雲雨風水完美的演出
我倒吸一口氣，按耐
虛驚

一九九八年夏日午後在椰林大道
看見天空一場奇景

「葡萄園」詩刊170期（2006・夏季號）

寒梅

一身傲骨，八風吹不動
就算冰天雪地，環境惡劣
你依舊挺立昂然
告知天下：堅貞純潔
一連幾個日夜，寒風刺骨
眾生跑的跑，躲的躲
衰的衰，謝的謝
你語帶風霜，字挾凜冽
説：我是中國

一連百餘年，在大風大浪中
你被撕的四分五裂
險些滅頂
風雪過後，新芽快速長大
你永恆不滅
鐵硬的身子裡流著炎黃的血

一九九八年冬於台大有感
「葡萄園」詩刊170期（2006．夏季號）

夜

愈是夜黑就愈是安全而自由
也愈接近真誠和真相
誰都不必掩飾，亦無須掩蔽
以最原始的我面對

面對夜，靜靜的
如面對赤裸的情人
洶湧澎湃，即將爆發一場戰爭
和平組織來不及調解，戰爭已結束
緒戰、開戰、終戰
戰爭指導無缺點，結構

完整、完美、完全
雙方緩緩撤兵
心跳和脈搏滿意的開始休養生息
戰力整補的後事，就交給
夜　去處理吧！

一九九六年春日某夜
「葡萄園」詩刊 170 期（2006．夏季號）

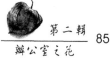

神仙

深深吸一口
通體舒暢，陰陽合一
輕飄飄的
飄了起來

長長呼一口
自由自在，打通任督
揮灑一幅
風景
畫中有詩
詩中有畫

一九九九年春夜在醉月湖吞雲吐霧筆記

「葡萄園」詩刊170期（2006．夏季號）

日子

晨起散步、吃早點、看報
到師大花園逛逛
會老朋友，看幾篇好文章
好友在樹梢活潑亂跳迎接我
好不快活！真羨慕她
她高興的跳到地上，問我昨天怎沒來
我說人不舒服
她若有所失，又飛回樹上
說要唱她的拿手歌讓我開心

而一夜落花飄葉
寫滿一地好文章
小溪潺潺
每天都有說不完的章迴小說
滿園花草假山，也構思出
動人的情節
我轉了幾圈
忘了走到那一節了

二〇〇五年的生活寫照，寫於年底
「葡萄園」詩刊，172期，二〇〇六年，冬季號

那年元月

阿妹、王力宏、大S和小S
以重金屬痛擊我心弦
竟毫無反應，連 Bass 也彈不出來
端午、中秋、雙十和元旦
一顆顆巨石投入我心湖
竟不起漣漪
四肢如枯木
支撐著一顆化石
奔走於榮總、三總和台大之間

二〇〇五年元月心情

「葡萄園」詩刊171期，2006年秋季號

沙漠化

不論多大的沙漠
總有些水草或綠洲
可有些人心沙漠化之嚴重
長年毫無綠意，沒有一點生機
一輩子乾枯成一座
大沙漠

沙漠不斷擴大
使週邊地區也快速沙漠化
一個個人心、社會、國家都將成為
一座座大沙漠

生命絕機
無解的命題
當然，我期待六千萬年後
這麼沙漠又成綠洲森林
又能進化成不同於人類的新生物種

後註：台灣獨派的分離主義政權，在不斷「去中國化」後，又成為貪污腐敗的「洗錢中心」，使整個台灣的文化、社會都在加速「沙漠化」，漸漸成為不適人居的「貪婪之島」，神啊！怎麼辦？

「葡萄園」詩刊171期，2006年秋季號

為我說法

落葉悠然飄坐大地
回眸一笑，對我說
我回家了

一個飆車族如瘋狗般撞上電線桿
趟在地上呻吟：
個人作「業」個人擔

流浪漢沿路乞食
呆滯的眼神說
這一切都是命

我聽聞許多世間法
都說
諸法皆空

二〇〇五年底聞法有感
「葡萄園」詩刊 171 期，2006 年秋季號

牢

電信公司用機子
許多人的脖子被拴的緊緊的
隨時被牽著到處溜
無力掙脫

電腦是一種吸精大魔
許多人日夜被吸住
精氣神被吸乾了，成了電腦植物人
人倫道德吸走了，與父母形同陌路
名牌是另一種搖頭丸

被搖的瘋狂
每月被搖成心空空
無心有奶月光光
活在現代社會要八風吹不動更難了
而我　便是風
牢是關不住的

一九九九年元月在台大夜間部
下班前思索

讀一座崇山峻嶺

黃埔44期的小老弟碰到16期的老大哥甚麼感覺？
肅然起敬，站好標準勢
甩他五百是自然的反應

之後，看老大哥肩上沒掛著幾顆閃亮的星星
也沒幹過總司令或參謀總長之類的
連甚麼兵團司令或軍長也沒混到
一顆心正納悶，不知老大哥是怎麼混的

嶽峙淵渟，峰巒巍巍
原來這是一座連緜山系，連峰插雲

而我還沒有走到山門呢
等到進門一看，你慢慢讀山吧！
一輩子都讀不完
大長篇、中篇、詩歌、評論、散文、小說……
怪怪，一千五百萬餘言，論量
那麥克阿瑟、巴頓、孫立人、何應欽……
也不過指揮幾十萬人馬
論質，世界各國給他的博士、詩人桂冠、名人錄
多的可以堆成另一座山

「紅塵」、「白雪青山」、「滾滾長江」
「娑婆世界」、「塞外」、「青雲路」……

氣勢磅礴，體系完備
長江黃河、亞馬遜河無一能及
天山、岡底斯山、喜馬拉雅山也有攻頂之日
而要讀完這座山，竟不知何年何月

這是一座空前絕後了不起的大山
足為當代亞洲文壇的天可汗
就是亞太地區文壇最高統帥也足足有餘
世界文壇之巨擘合乎各國給他的認證
黃埔老大哥，當年老校長　蔣公沒有重用您
天大的失策，也許就沒有現在的兩岸問題
最近老大哥寫了一封信給秋水的涂靜怡說

「這五年內我不會離開台北」
有一座如董狐之巨山
足以鎮壓島上的邪魔歪道
他又說「九十歲以後再遊大陸各地，並再環遊世界一週」
以他的一貫道統，淨灑神州，巡航宇內
用他的詩情畫意給人們當精神糧食
「百歲以前我可能再開筆寫個新長篇」
老大哥用筆的速度比槍快
建構一套比美五嶽的崇山峻嶺
神州兒女再讀千年也不厭倦

後記：今（94）年9月16日下午，中國文藝協會理事長王吉隆（綠蒂）先生，為鍾鼎文先生、墨人先生、孫如陵先生和李效顏先生等四位資深作家，舉辦祝壽慶生會，同時中秋聯歡。我恭逢盛會，因墨人是我黃埔16期老大哥，雖然不認識，但讀過他的一些作品，對老大哥甚為敬仰。有了這份「革命情誼」，也倍感親切，心有所感在會中朗頌，不成詩作，就當慶生餐會的「小菜」。

而對鍾鼎文先生、孫如陵先生和李效顏先生，三位我也不認識，不過知道他們都是文壇先進，像我這種文壇的「邊緣人」，後輩小子，不認識他們應該也是合理，都獻上我深深的祝福。

有各位先進的文以載道，文化會更美燦。（完稿於九十四年八月）

我獨立了

「我要出頭天！」
「我要獨立！」
她向藍天白雲嘶喊了一百年
她終於獨立了
她還在這裡
她就是在這裡
她能去那裡？
她就生長在這塊大地。

註：民國九十年五月，一群好朋友相約爬玉山，百餘張照片中，唯獨這張感慨很深，題詩誌之。

刊於2002年冬季號「葡萄園」詩刊

送您一座山

台客

送您一座山
皚皚而靄靄，雪線
在您的視覺之上
您曾經或不曾登臨
一處絕美的聖潔之域

送您一座山
青翠草木茂密成長
花開鳥啼處處生機
您曾經或不曾攀爬
流連嚮往之心常有

送您一座山
一粒小石可變大山
用眼睛仔細品賞
用心靈靜靜傾聽
每天爬它一回不厭倦

後記：吾友陳福成君酷愛爬山，日昨惠我《尋找一座山》個人詩集一冊，無以回報，因贈個人收藏山形小石一顆，並成此詩誌之。

二〇〇二年十二月廿九日

後註：此詩後刊於：「葡萄園」詩刊 157 期，2003 年春季號

愛情童話

愛情是人間最美麗的童話
小朋友愛聽，聽的津津有味
大朋友不敢聽
童話已經昇華成神話

美麗的神話
為甚麼有了結果
就急著摘下果子
一刀兩分梨

愛情是人世間最動人的一齣戲

為甚麼許多人未到 end
就要散場
愛情是人間最美麗的花朵
為甚麼擔心結果？
又怕花謝？

家

少年時代忙著逃家
青年時代顧著出家
青壯時期常找不到家，或不願回家
中年才忙著想回家
晚年，千方百計想找個可以安頓的家
當然，有人到很老很老，仍
找不到家

啊！家，還是枷
若始終找不到家
只好出家了，或許這時候
你才真正的回家

乞丐

他，蜷曲轟趴
用磕頭如擣蔥的功力向天地抗議
企圖用他最後的尊嚴與靈魂
喚回眾生的慈悲
竟沒有半個人丟出半個愛
我，猛然驚醒
宛若菩薩在眼前示現
憶起童年古宅大門口的乞兒口中唸唸有詞（註）
我母親便端出一碗熱騰騰的愛

有很長一段時間沒有見過這樣的場景——乞丐乞討。這表示我們的社會確實富裕了，所以就極少有人會淪落到成為乞丐。但我們似乎沒乞丐了，有些東西也隨之沒了。

民國九十二年春，我偶然路過公館天橋（羅斯福路上連接台大和水源市場），甫一上橋，一幕古老的場景投入我眼簾，走過後我在遠處「觀察」至少二十分鐘。

註：大約民國四十八年前後，我七、八歲左右，我家住台中縣大肚鄉。那時家裡真窮，父母只靠幾分農地種些果樹維生，沒想到還比我家更窮的人——乞丐。每到過年過節，總有乞丐出現，站在我家門口，唸唸有詞。四十多年後的現在，我還記得他用台語念著「頭家頭家娘，你大人大量，一碗分ㄌㄟˇ，保你多子多孫，活到百歲……」他唸完，我母親總會端一碗熱騰騰的飯給他。現代社會人都過著富裕生活，卻反而對乞丐不理不睬？

（文學人，第六期，二〇〇四年八月四日。）

第三輯

與情婦訣別書

在這世上能有我們這樣親密關係的

夫妻、情人、紅粉知己……都不及我們

這麼多年了，我始終騎著妳，駕著妳

與情婦訣別書——送「載人舟」最後一段路❶

在這世上能有我們這樣親蜜關係的
夫妻、情人、紅粉知己…都不及我們
這麼多年了，我始終騎著妳，駕著妳
雙宿雙飛，不管幾天幾夜
妳都是那般情願的盡力配合
我們緊密結合，水乳交溶，成為完整的一體

只有妳，永遠會躺在我下面，翻一下身都願意
含情脈脈仰望著我
我卻從心所欲的壓著妳，像個不懂惜玉憐香的男人
妳都不計較，我上爬，你跟得上；我下走，妳緊跟

就這樣，我們走過冰天雪地，走過千山萬水
把這份情留在黃山、玉山、南湖、大霸、雪山……

我們共同創造歷史，創下個人記錄
期望著地老天荒，海枯石爛，直到永遠永遠
奈何！人還是會老會死，東西用久了會壞
我希望妳下輩子不要再是一雙載人舟，連舟上布料也不要
也不要成為女人比姬妮上的一吋布料
成天在私處前窺晃，進退兩難

沒有不散的宴席，有聚便有離，有生便有死
雖然妳一再堅持到老，走到老，走到不能走為止
但我終是不忍，不忍叫妳衣衫襤褸，拋頭露面

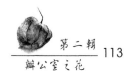

期望著妳的重生
垃圾車來了，焚化爐的高溫，鍋爐的熬煉
熬過去就有新生的喜悅，是妳自由與
美麗的選擇

❶四川人稱鞋子叫「載人舟」

傷情人生

出生，在一個骯髒齷齪的窩窟裡
許多人進進出出，自由來去
只有我身不由己
他倆胡搞一陣，我就來了

成長，喝西北風長大
有一頓，沒一餐
有人養，沒人養
反正我自生自滅
總有些剩菜剩飯，喝西北風也能長大
別問我媽去那裡！九成討客兄

也別問我爸去那裡！十成當了人蛇

少年，只是一條流浪狗
成天流浪在十字路或垃圾堆
或和成群狗黨到處打劫
我幹過最風光的行業是走狗
只要聽話，偷、竊、盜、搶、殺……
我樣樣行，吃香喝辣又有銀子拿

青年，仍在迷途路上飄泊
有一回大地震險些成了死狗
我被困在一座荒郊野外的廢豬舍裡
一天一夜，沒人發現

突然，不遠處有幾隻狗向我的豬舍猛叫
我知道我有救了
是救難犬要來救我這隻落難犬
後來，村長把我從醫院領出來
給我二千元，說是政府給的大地震救濟金
要我「出去」創造自己的新天地

中年，我喜歡小魚村餐廳前的剩菜殘糕
吃飽了到海邊看夕陽
偶爾也會想爸爸媽媽
聽說老爸老了不當人蛇，去吃公家飯
聽說老媽被客兄甩了，又跟另一個老客兄

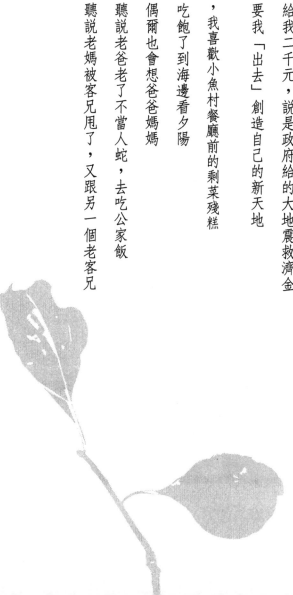

真好，他們都有人養

晚年，經常躺在垃圾堆前
像一隻快斷氣的死狗
有一點力氣時，像快燒光的殘燭
回想前塵，像極了這隻蠟燭
打從出生點燃生命之火
就不斷落淚、落淚⋯⋯
直到火熄、淚乾、燭燼
殘燭已燼
死一條狗和死一個人有甚麼差別？
我雖然快成為一隻死狗

卻也快成為一個人

二〇〇四年六月四日，眼見一個流浪漢的死有感（事後有新聞報導）

書櫃中的書

她們一直在深宮中
望君
從未有過一次臨幸
突然，鄰居似有應召寵幸的
一夜
又打回了冷宮
三千粉黛
排排佇立，入定
不久，已灰頭土臉
再久，就給蠹魚拿去製作王品牛排了

（秋水詩刊，124期，94年元月）

陽台上的曇花

生來就住在這鐵窗裡
活著，開了
謝了，時一現耳，也算永恒了

這一生，不
生生世世
竟逃不出一座鐵窗
到死
怎都脫除不了那一個個
框框架架

（刊於江蘇省「綠野詩社」，2004年9月。）

頭痛的孩子

小時候帶他去放風箏
他便騎著風箏在翡翠灣外長飛九萬里

帶他去烤肉
他烤熟了一整座山坡

他第一次坐飛機時
就嚷著要想辦法進一步去鑽天打洞

黃昏，我們去看海
他策動海洋向山脈造反

少年時代，他摘星，串成了項鍊掛在胸前
過了不久，他奔月，想要談一段淒美的戀情
後來他慢慢長大了，書也愈讀愈多
他老想要推翻牛頓三大定律或愛因斯坦相對論

完稿於二〇〇四年春

兩部功能不足的電腦

這兩部電腦
其實算是全世界最先進的電腦
屬「免電源全自動人工思考智慧型」機種
出門時電腦語音說：我走了
回家時電腦語音說：我回來了
一年四季只設定兩句話

我不滿意向電腦公司理論
工程師說
功能程式早已「內鍵化」
您將就就將就吧！

夜有所思

午夜，是一隻野狗
到處搔擾落單的人
大腦吃了搖頭丸後就衝出了重重圍

往事，張開櫻桃小口，在耳邊吱吱咂咂
繁星點點，一顆一顆重重的，在心弦捶打
一齣齣戀曲又從頭開始奏起

微風，踏著凌波跣足，踮起腳尖
從窗外靜悄悄爬入你心海
在深幽的海中掀起千層浪

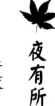

晨兩點，想要睡覺的身體
還是抓不住活潑頑皮的思緒
要去天馬行空

小記：我極少失眠，通常都是倒頭就睡，不出五分鐘就見到周公。但有一回，到午夜還睡不著，起床，就書桌位，寫了這首詩。二〇〇三年的一個秋夜。

那個提燈的天使

曾經，驚鴻一瞥
就在我心中留下質量能不滅定律
原來，是妳的燈
照亮妳我之間的通路
紋入妳我記憶的深海
成為質量能俱佳的美麗神話
多少年來，我遠看著妳提燈引路
一會兒，把人從人間引到天堂
一會兒，把人從人間引到地獄
妳的燈照亮三界
卻從未照亮我的心

民國七十五年的筆記，之後再修，成現定稿
二〇〇三年春某晚

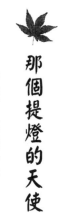

喝咖啡聊是非

兩個人躲進窟窿中能做甚麼？
把風聲和影子推出窗外
窗內，只剩
是非，在深幽的洞中
一票人躲入陷阱裡做甚麼？
浸泡在瀧瀧濛濛的水聲
泡泡幻影
把流言蜚語相互種植在對方心田
再續一杯杯……灌溉
竟引起一陣陣風災和水災

大家都終於陷在煙霧罔漫的迷魂陣
香濃四溢，裊裊升起
思緒，如水銀瀉地
有洞就鑽，一圈圈
鑽入是非圈

小記：近十多年來，台灣社會流行喝咖啡，我也趕流行。果然，咖啡廳裡不僅有動人的風景，更有動聽的故事，構思於二〇〇五年冬師大分部前「貝兒」咖啡廳，定稿於二〇〇六年夏。

請你來出題目

一隻被壓傷的空瓶
躺在路邊
帶著歧視的目光
看人

一位被截肢的煙蒂
躺在地上
痛苦哀嚎，傷口燒成漆黑
無人願意幫忙送醫
一堆有機物被丟在水溝旁

潺潺流出濁濃，控訴
要告主人遺棄
沒有任何司法單位願意受理

（秋水詩刊，124期，94年元月）

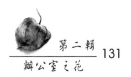

成功路

許多人都來台北打拼
台北的路又好又多又大條
條條大路通總統府
擺在前面
各區都有成功路

眼看條條都是大馬路
成功路太多顯得太複雜
到底該走那條成功路？
上去一點、下來一點，向左？再向右？
每個人說的都不一樣

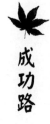

我只好再往前走
這一走，竟走了三十年
成功路啊！在那裡？
地圖上有，可怎麼也找不到！

後記：老友大S先生，和他的弟弟小S，二十初頭就一起離開高雄的鄉下，到台北打拼，希望能做一番大事業，三十年過了，闖不出名堂，最近只好「收山」回鄉下種田，我歡送老友後感慨誌之。記於二〇〇四年「319」是日。

曾經辜負過的

生命中曾經有過的
那段
刻意要密封起來
終究又開封了
是曾經有過的辜負

辜負了妳的
年華、溫柔、笑容
像流水辜負
垂柳的等待

佇立在溪邊的等待
純情的堅持
讓塵封多年的事件出土
只要出土
便是對辜負的彌補

一九九八年夏台大夜間部

情

情深如海
隨時可能竄起不可預測的龍捲風
風災、水災、天災、人禍……
如何避免
若都無災
水，便滋養生命
情堅如石
隨時可能敲開潘朵拉盒子
不開，若飲白開水
開了，若飲美酒

一夜，令全天下都醉

情熱如火
別小看一把火
輕燒，是一盞明照人生的燈
放火，可以把整座島燒成火炎山
要熄可難了
弄不好，燒了人間
也燒了天堂

一九九七年冬日有感

三月花季——之一

三月花瓣如雪滿城飄飛
老椰和青春杜鵑相依偎
落花紛繽催人老
一陣微風起
落葉飄花紛紛奔向
輪迴的大道
啊！我在這有生之年的片刻
就因緣具足
竟經不起眾花如林的吸引糾纏
午夜，公然在

椰林下，與杜鵑幽香
交歡
如在生命終結前再次詮釋這段情愛
才沒幾天，千姿百媚的紅白花香已顯老態
印證無百日紅，人無千日好
短暫交歡就枯萎
足以詮釋生命的意義
縱使飄落，沈埋塵土
依然圓滿、唯美

一九九七年三月「台大花季」
在椰林大道上思索

三月花季——之二

每到三月
各辦公室、各院系、教職員、師生……
紅花綠葉、百花粉蝶
全都蜂湧到椰林大道上
尤其到了月中
純白、艷紅、淡紫…
各自在舞台上展現她的絕色
每一朵都是名模
一陣微風細雨輕拂
花萼承托嬌無力，幾聲嘆息

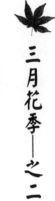

一群群鶯啼燕語，落了凡塵
有些仍挺立風中蕩漾微笑
遲早也都要落一地相思淚

又隔週，椰林大道上人海和花海爭艷
小販、書攤、樂團
創造另一個舞台
而杜鵑，暗香浮動
在風中的舞台上，依然清麗脫俗

一九九八年三月
台大花季即景

愛之水火

不論夕陽西沈或日昇晧旰
溫度必然會點然野火
整座城市的汽車旅館
陷入一陣陣火海
火勢燎原，不可收拾
水也救不了火，水火交融
烽火洪流到處流竄
愛之水火漫淹全球
婚姻及兩性關係專家紛紛提出
治山防洪和防火企劃案

奈何水火無情
人人都陷入水深火熱之中
而說，這就是愛
在愛之慾火淫水的動蕩
使整座人類叢林
重回洪流

二〇〇六年春夏間，許多「汽車旅館事件」後有感
「葡萄園」詩刊，172期，二〇〇六年，冬季號

人間煙火

多少年來，我每天粗茶淡飯
清心寡欲
不食人間煙火
偶然間碰到妳
開葷了
那夜，大塊吃肉，小口飲酒
之後才大澈大悟
妳是我的人間煙火
不吃不行

二〇〇六年春之約心情
「葡萄園」詩刊，172期，二〇〇六年冬季號

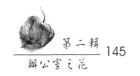

頓悟

我沈睡、昏迷千年
渾渾爾，噩噩爾
懵懵懂懂
妳一出現，以
色香味對我進行
啓蒙運動
才幾夜就讓我
驚蟄、進化、頓悟、昇華
人生開展出一幅絕美的風景

千禧年之夜於台北

那夜，攻上山頭後

那夜，攻上小霸尖山後
準備再攻大霸
我在兩山之間
被夾攻、掙扎和反擊，體力已快不支
大背包裡裝滿夢想、奇遇、勇氣、擔當
還有勝利佔領後的快感和驕傲

頂著斗笠，佇個拐杖，足踏溫柔的大地
撥開一層層原始、未知的奇妙世界
終於很晚了，才攻上山頭
迫不急待的吸吮一口口甜蜜的山泉水

大夥兒開始架屋、炊飯、燒水
是為了要好好休養生息

午夜後的晚餐
在一張天大地大的餐桌上
擺著醃製了嵐氣、煮的半生不熟的青草
抄月桃花、龍鬚湯和一大盤獼猴桃
另有風聲、水聲、歌聲和不知名的動物叫聲
組合成餐會晚安曲
吃飽喝足後，人已累個半死
倒頭就睡，五點起床要攻山頭
就這樣過了一山又一山

且經常在兩山之間
被夾攻、掙扎和反擊，還是愈戰愈勇
因為那兒存在一種致命的吸引力
攻上山頭後的成就、快樂
才是永恒的回憶
所以，我懷念並珍惜攻佔過的每一座山頭
尤其
那夜，攻上山頭後
有歌聲、獼猴桃和山泉水

後記：近年，登完玉山、雪山、大霸、南湖等台灣諸大名山後，攻頂常有一種奇妙的感覺，記於二〇〇五年冬夜。是夜，很想攻頂，卻找不到一座「上好的山」，只能回憶那夜，攻上山頂後……

第四輯
似曾相識，在樓蘭

幾千年來，我訴說相同的故事
時間故事收錄在
大地荒漠

似曾相識，在樓蘭

多麼熟悉的身形和衣裳
那樓蘭姑娘
孤單一人在城外
對荒煙蔓草說故事
說樓蘭的傳奇，一說竟
兩千年了
知道嗎？她便是我
幾千年來，我訴說相同的故事
時間把故事收錄在
大地荒漠

二千多年的樓蘭故地，曾是絲綢之路的重鎮
（圖片來源：94 年 12 月 12 日，人間福報）

我被鍛煉成一個謙卑、溫柔的靈魂
在風中訴說我的傳奇
故事依然淒美豐富
而我　更加消瘦

我不怕寂寞，依然
站在樓蘭街角對著過往
商旅、兵士唱情歌
我相信，會有回應，遲早有人 Call 我
是我重出江湖，重見天日的機會

一九九八年在台大聽「樓蘭女子」出土有感
秋水詩刊，129期，95年6月

妳是那麼的春天

妳的粧扮總是那麼的春天
一頭烏溜溜的秀髮
活像春天一朵雲

妳的眼睛總是那麼的春天
笑容裡藏有秘密
卻也不難解讀

妳是我們共有的春天
縱使碰上夏秋冬
生活總像晶瑩瑰麗的春天

現在我刻意遠離曾經擁有的春天
這麼久了
我心中的春天依然如故
四季因有妳而美麗
生活因有妳而溫馨
人生因有妳而不惑
因為，那纏綿依舊的春天
已昇華成永恆的季節

（秋水詩刊，127期，94年10月）

晨露

露珠
粧扮的晶瑩、明亮、動人
明明是該說拜拜了
仍不能忘情一夜的纏綿
緊抱著嫩葉不願離去

晨光
鐵面無私，每天準時上班、查勤
穿過重重密佈路障
總會找到妳

露水
命中註定
一夜情

（86年5月初稿，91年重修）
世界詩壇，第46期，93年7月22日

天緣

乘筏
渡河

乘妳
渡到不惑的彼岸

若不乘妳
河寬無岸
江水惑惑

秋水詩刊，94年7月，第126期

等

如果
我是被佛祖壓在五指山下的老孫
妳便是唐三藏
相遇的時間就得
等五百年
是佛祖的安排
也是輪迴過程中的果
只是，只是
何時種下的因？千年萬年？
不論何時，我願等，等下去

在夜空、荒山、冷風、日以繼夜
等、等
等妳走近，傾聽妳的腳步聲
聽妳心房的激動
牽起情愛的手
若等不到妳
這世界將永無開封之日

一九九五年春　台大夜間部
秋水詩刊，129 期，95 年 6 月

緣

絮花為何遠揚？
落葉為何歸根？
是那條細如游絲般的緣線
始終牽連

我們曾在竹籬笆前揮別夕陽
隨夜空的星子趕路
一路趕著就是二十年
在他鄉，手始終緊握著
緣線

今夜，兩個相許的靈魂
竟在同樣的夕陽相遇
那麼熟悉的星子和夜空
那麼熟悉的手
都同時握著緣線
永不放手

民70年詩的筆記
1995年春夜在台大夜間部修訂
秋水詩刊第128期，95年元月

訴情

那夜，月光如汛
沖開了閉鎖心事庭院的大門
情韻又如急來的海潮
又沖垮了阻擋心海的堤壩
漫溢的思情氾濫成災

管他碧海藍天，無涯無邊
我欲駕一葉扁舟
航向浩瀚縹緲的銀河
總要找到妳，訴說情話
天地幽幽，太虛茫茫
情話綿綿，永無止境

二〇〇二年春日偶感筆記

傳說中的夢

就在那煙雨斜陽的午後
妳像一陣清風
輕輕的，靜悄悄的隱入我心房
為我打開一扇窗
我為妳注滿一泓涓流
四週有蝶舞、花語、草香和溫泉
頌揚夢境中真實的愛情

接著就到了思惹情牽的午夜
先是空氣中散撥著鳥語芬芳
燕子已在枕邊細語綿綿

不久就睡成一朵盛開綻放的睡蓮
烏髮如雲雨撒落在我胸膛
山與大地的結合機制啓動
水流、澈冽
浸淫、洩洪、氾濫了一整夜
而妳，湧姿泫泫，水聲淙淙
有如仙女飄飄然睡姿

一夜如夢的情愛
日出便是夕陽
燕啁啼，羊咩咩，各自歸巢
雖短暫也是一生

花好月圓就是花謝月缺
傳說中的夢境
我們用願力實踐
共譜完美浪漫的詩篇
是妳我一生的經典

一九九八年冬夜夢中會情人筆記

今夜星子

今夜星子
與妳訂有密約
只在午夜
聽妳訴情事
一不小心
氾濫了一整夜

就在今夜
與妳有約
只在窗外、樹梢，悄悄地
拱起一輪明月

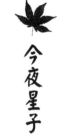

共伴妳　在枕邊
輕聲細語

白天也想妳
只是妳看不到
我在天空、大地、寰宇、趕時間
終於又碰到妳
今夜我決心在妳的湖
掀起浪花，湧波似海

一九九九年夏夜筆記

用生命耕一塊地

妳雖住華廈冷氣房
用名牌、開名車，吃穿不愁
整個人看起來，只能展示貧窮
如今，久不灌溉
更是窮的只剩
荒榛斷根
荒地上一株沒水缺養分的野草
顰眉蹙額
我決心用生命耕耘這塊地
用情深耕，犛庭掃穴

用青春澆潤，雨露荒山
揮汗荷耡，荒山變成良田
塵襟盡滌
現在的妳
成為一塊脱俗美麗的寶地
長滿了紅花綠葉
是人間最美的花園
妳是花園裡最唯美的一朵花
我只是春霖
因緣趕到
妳獻我以花開花謝的情操

我用生命深耕一塊地
終不悔
深信未來還有合力耕田的機會

二〇〇三年春天回憶筆記

雲的心事

一群黑螞蟻在心頭到處亂竄
心頭四分五裂
漫無目的在空中亂飄
沒命的奔跑
又一頭撞到大山
碎成愁雲慘霧
續一段沒有目標的旅程
碧海青天
天涯海角，雙宿雙飛
海枯石爛，多麼快活

不小心，撞到不解風情的山
淚水匯成河海溪流

脆弱的雲啊
不是撞到鐵石心腸的山
就是撞到不解風情的山

一九九九年夏日午後筆記

清晨幽會

經一夜冷凝沈澱，已因緣具足
剎那間，成就
露水情
仍是光明潔淨的氣質
滿足的，浸潤在
綠葉花香的懷裡
嫋嫋飄逸相偎依
只怕晨光熹微
窺視
無端拆散了這段情

珍惜這短暫的偎依
綻放如夢如幻的馨香
依然是很迷人的
就讓彼此生命交融匯流
在這寧靜的夜
微涼的晨間
包納生命的的光輝，展示生命的意義
再也不懼
曙色　窺視
無須掩藏
曉風殘月
朝陽新氣象

卻將結束一段塵緣
朝露可止
時間的腳步走過世間的悲歡離合
把苦澀淡化
在緣起緣滅間
再看妳一眼
含情脈脈　離去

一九九八年春在台大夜間部
深夜筆記

那一份情

迷航千年，猶如
初轉世的彩蝶
一佇足就依偎在
這一朵花的唇瓣
吸吮著濃情蜜意
才終於撫慰等待千年的
戀情

這一刻，我彷彿在星空愛河中
裸泳
下一刻，泳到無人的水草小徑邊

在大自然懷裡，擁妳入夢
親吻千年名花的唇瓣
吻吮著精津花蜜

兩顆心如浪澎湃
那情意活力
依然是千年前的
溫度和芳香

從今以後，我願是妳窗前的明月
夜夜看妳入眠
我願是妳窗前小草上的露水
等妳醒來

如果可以，我願是最亮的星子
點亮妳每一個夢
帶妳回到那無人的小徑
或成為掛在妳胸前的心星
與妳同進出、共終始

二〇〇一年九月某夜

她的眼和唇

星紗流雲
有可以放電的光澤
明亮有神
閃爍出晶燦誘人魔力
給她流雲
她能發電
電倒眾生，傾國傾城
不論多麼貧脊的荒漠
經她一滋潤
很快滿山遍野，紅花綠葉

不論多麼遠的國度
由她進出
不須交通工具也能天涯若比鄰
江山萬里也拉到眼前

今夜山風

輕輕的踮起腳尖
游移在山間水湄
是甚麼因緣？
才在走過千百年後，在此
與妳一親芳澤

拂髮、拂臉，拂妳裸露的香肩
掀起妳的裙擺，牽起妳的小手
山樹青草為我們鋪陳溫馨的場面
小溪夜鶯奏起情歌
山風為酒，體香為蜜

今夜的星月山水全都醉了
千百年才一回
從此訣別

一九九七年底在台大
椰林大道輕風徐來的晚上

曾經共同經營這座果園

有生之年，最有意義的事業
是和妳經營的這座果園

我們日子過的總像香瓜或百香果
終日香香的
風兒香香的
偶爾有些檸檬酸也無所謂
妳愛香蕉的香
我最愛妳的櫻桃
散發著迷死人的咖啡香
不論淺嘗或深含

都百吃不厭
我們生活在這座百果園
有生之年，最有意義的事業

一九九六年春節前在台大夜間部

心事

她的心事，如這季節
春雨綿綿
不斷滴落我
心頭

她的夢，整夜淙淙
涓涓清流
最後總流向我
心湖
心事涔涔

多大的心湖也汪洋
才幾夜，心事氾濫成災
不可收拾

一九九八年春台大夜間部下班前筆記

中秋思故人

這麼多年了，未曾月圓
只是一點點烏雲，遮住全部亮光
竟使
夜夜殘缺，從未夢圓
今夜，等不及了
傳真一縷相思
盼收到後
靈犀一點通，好讓今晚兩地
月都圓

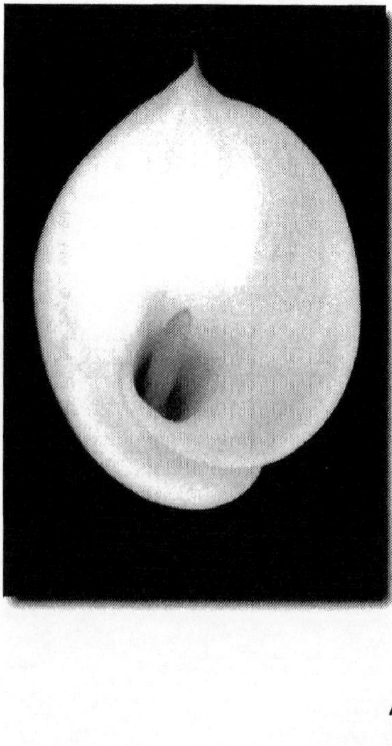

民85中秋前在台大夜間部

性與愛

樹根緊抱住大地
在土裡進出
才能吮取養分
使樹幹
頂天立地
支撐枝葉
長出繁花果實

有葉沒枝，也活不下去
有枝無幹，又能幹啥？
有幹無根，不久也枯死

土地貧瘠
聽不見水聲
最是無趣

（秋水詩刊，94年7月，第126期）

吻的研究

㈠初吻

甚麼極品？
啜一口　定江山
一剎那
是永恒
一進出
就有三不朽

㈡再吻之後

吻——是一首詩，意象鮮明
作愛——是一篇論文，得按方法論的步驟來

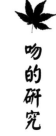

生孩子——是一篇散文，信手拈來，忘了用保險套

養兒育女——是一部無趣的長篇小說……

養兒防老——

是科幻小說吧！

而這一切都是初吻惹的禍

生命

甚麼叫生命？給我一個定義
長度、高度、寬度多少？裡面裝了甚麼
我知道你答不出來，我也不太清楚
但我知道決定長度的職權不在我
其他由我自己負責

我總會用心做每一道選擇題
是非題我特別小心
用我最適合的東西裝在填空題裡面
我也喜歡申論題
如果沒有功課做，我也不會偷懶

我會發揮創意，搞創造和發明
自創品牌
由此延長生命的長度
甚至永恒

提燈使者

兩盞明亮清澈的燈
從雙眸散發熱度
冰涼的身子，體溫開始回升
罷工的心臟，重新啓動

妳半生提燈
照亮許多人幽暗的心
照亮夜空和夜路
讓許多人找到回家的路

一盞燈

照亮許許多多的黑洞
卻從未照亮我的心

來參加我的讀詩會

來參加我的讀詩會，其實就是讀書會啦！
意象鮮明的御膳美食是今天的Special
結構嚴謹釀出來的好酒
一啜
泌透天地柔情
詩情畫意的茗茶
一泡
就有永恆完美的情愛
當然，我也不吝嗇用寫長短句的功力煮一鍋
紅艷配豪情
感謝妳一夜的參與，也補補有些虛疲的身子

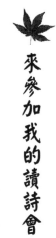

緣起緣滅

有妳在
我永遠是一個肉食主義者
誓不成佛
妳走了
我會是一個素食主義者
當下出家

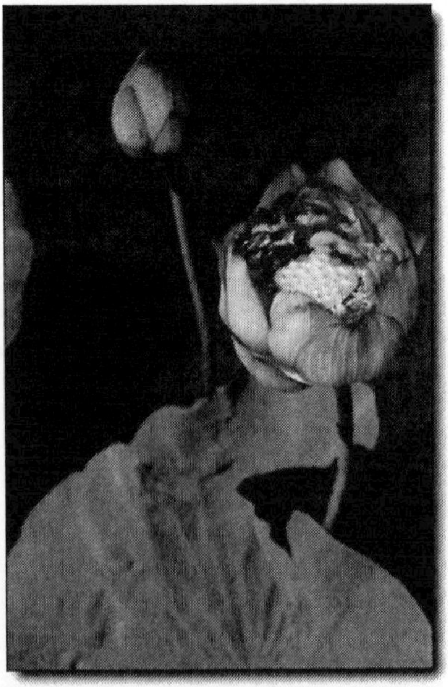

嬖幸一條魚

緊緊纏抱著一條
色香味具全的魚
她活潑亂跳，充滿旺盛的生命力
卻那裡掙脫的掉
任何魚種都能被馴化成
一隻姝麗寵物
而且是世界上最貴的寵物

生物間的糾纏，其實是一個共生行為
各取所需，各自飽餐一頓後
也許退化成獸，也許進化成人

或重啓戰端，都企圖把對方馴化成獨愛的寵物
就看機緣了

現在，兩隻獸乘著黑夜的掩護
緩緩扭捏，褪去一層層毛皮

看啊！血肉在水火中交融
兩座火山在胸口同時噴火
是誰在孌幸誰？誰都希望永遠是一條魚
或一隻獸，就是不要成為人

二〇〇六年春之一場戰役後的筆記

等誰？

一年四季我總在湖邊等妳
妳來的時候，裊裊婷婷
而我，緝緝翩翩
以飄然的舞姿與妳擁抱

相約在春天
柳綠花紅
總要等到妳來
就等一個午後的婉約
也值千萬年的等待
一年四季我總在湖邊等妳

妳一來，我就醉醺醺
迎風招展
風一走，柳枝空垂寂寞

一九九七年春日醉月湖筆記

第五輯

想我未曾謀面的老娘

說不上來，似曾相識

無論如何！總是老娘

啊！中國

想我未曾謀面的老娘

第一次出國竟是回國
急著想看看我那未曾謀面的老娘
飛機一落地就有感覺
說不上來，似曾相識
無論如何！總是老娘
啊！中國
看到了妳，我就放心

二〇〇三年三月二十六日
初到杭州機場的感覺

西湖美景（本書作者在西湖）

西湖

曾在歷史時空中
魚雁往返的
情人
只在一封封甜言蜜語的情書
認識了妳
今日一見就有
六分因緣三分親切
留下一分讓我們各自努力
苦等五十年的第一眼印象

水光瀲灩晴方好，山色空濛雨亦奇。欲把西湖比西子，淡妝濃抹總相宜。

不僅似曾相見
夢中魚雁往返
情人，妳該也是
傳說中的親人吧！

二〇〇三年三月在西湖
第一眼印象

回想西湖當年

那時，似曾親眼目睹
兵荒馬亂的年代
北風南吹
狂飆颯颯
黃河長江之水向南奔流
一路上，王師驚惶潰逃
棄甲宵遁

直到穩住西湖
被西子姑娘的秀麗明媚所吸引
且消釋了北伐戰火

西湖岳王廟一景

使風坡亭前，忠魂不散
西子姑娘免不了拿出絕活
以千年青春好好侍候岳武穆
共構成一幅西湖美景
成為中國永恆的史詩

二〇〇三年三月遊西湖
回想當年那一幕情景

西湖畔小酌偶感

坐在花中城藕香居一個角落
做白日夢
想著
八千里路雲和月
二十功名塵與土
都沒有機會實現的願望
如今這麼容易就
因緣具足
坐定西湖畔，與姑娘談情說愛
憑軒而望

舉一杯茶把遠山拉近
就在小山邊距雷峰塔不遠
許仙和白娘子打傘上岸
向著藕香居走來
過不久，一票人擺開陣勢
水淹金山寺的戲碼已經是落伍的思想
現在改革開放，積極幹活
門廳是法海坐堂
白娘子打理酒店
十二位美麗大方的小青一字排開
嫣然一笑，端菜上來

十二個少爺師哥忙裡忙外
原來是許仙哥哥們
看他們幹活的神情可以保證
神州興起

照這樣幹下去
遲早白花花的銀子淹過金山寺
淹過東洋、西洋人的腳目

二〇〇三年三月在西湖花中城藕香居小酌有感

蘇堤春曉

晨風梳理過的蘇堤
和東坡剛出爐的詩
那樣吸引人
小鳥唱歌跳舞
遊人如織
宋高宗的遊船也已飄來
長橋不長，斷橋不斷，孤山不孤
北伐已遠
湖上晨昏一樣度春秋

二○○三年三月在西湖蘇堤
想到一些歷史問題有感

斷代的疑惑

這一路上所見可奇了
明清古村落
原樣保留
夏商周遺址
似才出土
投過來的是
一波波滯鈍的問號
這是甚麼朝代了？
一路辛苦
總算走過二十六朝代

就到了黃山獅林大酒店
換我投過去一波波疑惑的問號
這是超現代嗎？

二〇〇三年三月從杭州到黃山，古代和現代同時出現在眼前，是奇也是憂。

杭州到黃山的半路上

一路顛簸已過七小時
聞說江山千萬里
就在前面一點點
隱隱約約，再好的眼力也是
望之不盡

下了車
兩腿使力的走
總算快要到山門
又覺得遙遠的地方
一顆心，普通、普通

本書作者（在距黃山不遠的古城），2003 年 3 月

門

就在前面一點點

二〇〇三年三月，那天從杭州乘遊覽車到黃山，覺得好遠，像出遠門很久，急著趕回家的遊子。

黃山導遊

飛龍在天，暫居黃山
九龍、飛龍、老龍
神龍見首不見尾
強龍也不壓地頭蛇
雞公、青蛙、猴子、獅子、鰲魚、蛤蟆
各有主權，各有一片天

這裡也是神仙居住的理想國
軒轅、仙人、神仙、道人、望仙、十八羅漢
仙女個個賽名模
簡直是人間天都

黃山一景

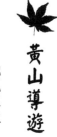

若你還是找不到，可到逢萊三島或
上半山寺，在月牙亭中有
仙人指路

慢慢走，不累，一上去
光明頂、慈光閣、芙蓉峰、翡翠池、曙光亭
或看看
桃花、蓮花、蓮蕊、夢筆生花
別以為黃山只能看山
有海、有雲、有瀑、有泉，應有儘有
西海、北海、天海、臥雲、雲外、人字瀑
三疊泉、百丈泉、飛來石和奇松異人

真是道不儘的百步雲梯、試劍醉石
看不完那九九八十一峰
峰峰相連通天都
蓮花不高眾峰簇擁
黃山不黃，天下第一紅

二〇〇三年三月
遊黃山筆記

黃山一景，2003 年 3 月

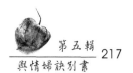

蓮花峰

山在海上飄移
不久又浮上雲際
且有雪在山澗
而人
在虛無飄渺的空靈中
放眼望去
峰峰都是可以見證的
神話
霎時
蓮花朵朵開

遠處是蓮花峰，2003 年 3 月

有芬芳霑惠
此刻，人人都是可知可感的
神仙
面對一朵蓮花的微笑
此刻，我便是坐在蓮花上
一朵永恆的觀音

二〇〇三年三月在蓮花峰上看「蓮花」

讀一個景

峰

讀我，懂或不懂，不重要
關鍵不在你學問高低
看見了觀音跏趺便是
悟道

松

讀我，懂或不懂，不重要
從姿勢看我百年練舞的功力
從我彎腰的程度知
真誠

寺
讀我，懂不懂也都不重要
一路上讀著李杜便成詩人
不時聽聞傳來的法音也成
菩薩

二〇〇三年三月遊黃山看景

黃山之夜的夢境

一躺下來就進入五千年時空夢境
稍縱即逝的一小段情節
卻有一股力量
牽引著我
這一刻，一塊黃山土被無限上綱成
一千一百萬平方公里的中國
現在便是上古
先晉謁三皇五帝，請安問好
再拜見秦皇漢武，頌揚武功
一路求見下來

黃山獅林大酒店

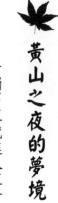

唐太宗、宋太祖……少不了客套一番
都那麼的熟悉
啊！原來以前都見過
就像一個個老朋友

二〇〇三年三月住
黃山獅林大酒店夢境印象

黃山看海

上黃山除了看山
也看海
雲海、天海，海天茫茫
九九八十一峰
在海中浮浮沈沈
自由自在
飄著
波海無邊
群峰只顧著飄
各有定力，不會相撞

海上黃山
有道人、神仙、飛龍
可觀瀑、立馬、臥雲
這世界，何處
海在山中，上山看海

二〇〇三年三月在黃山
雲多雲美如在海上仙山

人在黃山中

轉一個彎
便是另一個世界，換一個空間
現在進入一座絕美空靈的夢境
境中有你，你在境中
各造早已物我兩忘

又上一梯，來到仙境
山峰雲霧飄飄然
分不清我在走路或誰在爬山！
這是自動飄移的世界
眼前一片靈異

驚奇　絕美
飄然過一峰
想要瞧個清楚
夥然　默默
看不清妳的容顏
只見遠處有倩影
引著遊人再過一峰

二〇〇三年三月人在黃山中一種感覺

第六輯

讀兩個人和一座山

我每一顆滾燙的熱淚／都是　為了你
而／滴落

涂靜怡，「燭語」

緊裹著霧紗晨褸的湖／慵懶地等待穿雲的陽光

綠蒂，「喀納斯湖之晨」

而我，追逐我想要的
縱然一剎那，也是永恒的完美

陳福成，「聖山傳奇錄」

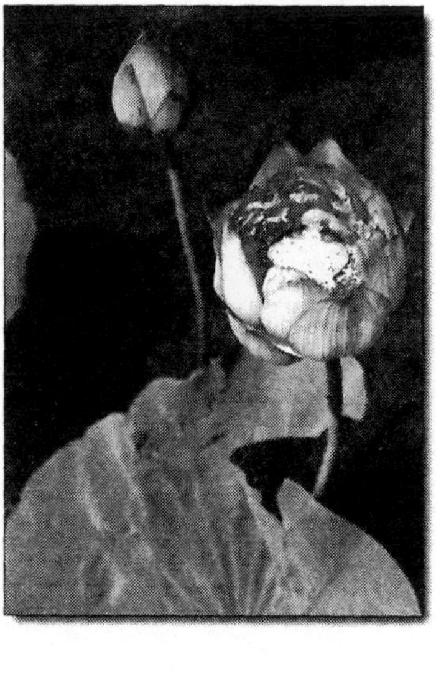

兩個世界的探索——賞讀涂靜怡「紫色香囊」和綠蒂「春天記事」

壹、前言

涂靜怡和綠蒂有甚麼關係？可以說沒關係，涂靜怡是數十年來「秋水」詩刊的主編，綠蒂是現任中國文藝協會理事長及中華民國新詩學會理事長。若說要有關係，綠蒂也是「秋水」的發行人，算得上是「同仁」，當然也是朋友，但這並不足以構成把兩人放在一起品讀，並將他們的作品拿來做比較欣賞的條件，其中必有奇緣，這兩本書也必定有相當鮮明奇趣的關連性。

今年（民93）六、七月間，兩個偶然的奇緣，一個是文協理事長綠蒂先生送我的詩集「春天記事」，另一是秋水主編涂靜怡詩姊送的「紫色香囊」。我這個現代詩壇的「邊緣人」，能同時得兩位當代華人詩壇大詩人的親筆簽名書，自是受寵若驚。便把二書放在皮包內，六、七月間這兩本書成為我的「隨身物品」，南來北往、乘車等車，我不時的讀啊讀，有時好奇還要查證其他相關書籍，我發現這兩本書（兩個人）有著非常鮮明的關連性，兩份作品呈現「孑然」不同的兩個世界，這兩個世界除非經由「蟲洞」，否則是沒有交集的。

涂靜怡姊的「紫色香囊」（簡稱「涂著香囊」），所表達的是一種主觀內心世界的情，而以純淨的愛情為核心，涂靜怡才不管客觀世界的變化，不管外界如何變，她內心世界那份「情」是永恆不變，堅貞不移的。

反之，綠蒂兄的「春天記事」（簡稱「綠著春天」），展出一幅幅客觀外在世界的景，而以唯美的風景為核心，綠蒂把主觀的內心世界儘可能潛藏或省略，經由「去我化」達到「無我」的境界。

本文試圖從主觀與客觀兩個面向，欣賞「涂著香囊」與「綠著春天」兩個不同的世界，並為兩個不同世界找到「蟲洞」，經由蟲洞「統一」兩個世界。

貳、「涂著香囊」典藏著多情女子的「愛情史觀」

「香囊」中到底密藏著多少情？多少愛？全書四卷共六十五首詩，前三卷（驀然回首、前塵往事、冬日小語），經細心品嘗後，可以定位成「涂靜怡的愛情史觀」；第四卷「旅人的心」，看題寫的是客觀世界的風景，內涵仍然是內心世界的投射，用「涂靜怡式的唯情史觀」來詮釋外面的世界，雪梨詩人黃雍廉寫「涂著香囊」詩集抒感說，「這個集子的近百首詩，可視為詩人的情史。」❶等於對我的品讀也提供最佳註解。

詩人用「紫色香囊」當書名，「香囊」已經是一種情物和信物的表徵，加上又是「紫色」的，更彰顯詩人是一個浪漫的多情女子。那麼，她的情「投射」在那裡呢？為「香囊」寫序的東華大學教授顏崑陽博士認為，她的有「情」，最具體的表現在三方面：一是對於「詩」的執著，二是對她的老師古丁先生的感恩，三是對「秋水」詩刊長期的奉獻。❷我以為顏教授所言皆對，惟未能道出「內情」，各家解讀「香囊」的詩人，如文曉村、木斧、蘭達、落蒂、馮異、黃雍廉等，都解的很含蓄，「香囊」中藏著一個「永恆的情人」，也是詩人願意以一生一世傾心相守的情人，他是誰？這才是這本書最大最神的「謎語」，大家都在猜，「情關」一詩述說甚麼？

此刻
夢的窗口微啓
我無言在燈下
翻閱你的詩集
往事歷歷

……
長夜漫漫
不眠的愁緒過重
未能等到讀完最後一章
我就掩卷
就迷失在
層層的思念裡

詩人落蒂解這首詩時說，雖未言明「翻閱誰的詩集」，但按常理判斷，一定是她的恩師「古丁」先生的詩集，做為弟子的她，常常翻閱他的詩集，睹物思人，說是至情至性，應不為過，❸，我從「凡人」的層次解析，經過歲月的沈澱、反思、昇華，師生恩情已經「轉型」成戀情，這是一種純淨永恆的愛情。因「愛屋及烏」，把對古丁的愛轉成對「秋水」的經營，及對詩的熱愛，這是「詩情」：

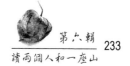

把一首詩
望成一條路
長長的一生
願傾心與他共度
而歲月流轉
追逐靈感的日子
總是纏纏綿綿
重重疊疊　不覺
已是二十個秋天

經查古丁是民國七十年元月二十七日，因車禍意外猝逝，到「香囊」出版（八十九年十月），可略取整數二十春秋，漫長的二十年，刻骨銘心的相思，可見詩人多麼多情、堅貞不移，二十年依然忘不了他，所幸詩人的愛情是很有智慧的，她沒有成為失戀怨婦，而把這份愛轉換成對「秋水」，對詩友，甚至兩岸詩壇的愛，相信許多詩友都已感受到這份愛意了。

即然「涂著香囊」是一部詩人的情史，那麼在心愛的紫色香囊必定還密封著更多浪漫的情話吧！民國六十三年詩人和她的老師古丁創辦「秋水」時，正是成熟獨立的而立之初。在這之前（三十歲以前），正是她的少女與青年時代，有那個男士看到這樣漂亮（詩人的畫像，封內頁有各時期的照片），又有才情的女子，能不動心乎？能不起而追求？讓我們再深入「香囊」，感受女詩人的深情款款：

「塵緣」

彷彿
守候了好幾個世紀
才讓我在落葉紛紛的秋日
遇見了你

我每一顆滾燙的熱淚

都是　為了你

而

滴落

「燭語」

湖水似鏡

鏡中有我年少的倩影

愛過

恨過

也任歲月蹉跎過

「驀然回首」

我永遠難捨的戀情

從此　天涯海角

不再聞問今夕何夕
水光雲影中　只想牢記
昨夜　你的耳語
只因你是我生命的
唯一

「唯一」

就這樣
冷冷地對立者
立千百年也不要變
我是彼岸的那座山
你乃一尊
不要陽光不要雨露的石像

「山與石像」

女詩人對情的執著，多麼堅定，多麼純誠，真是「塵緣」未了，多情女子好像很愛哭（依經驗法則判斷），愛的真切，愛到死去活來時，淚的溫度就是情的熱度，女詩人對著情人傾訴「我的每一顆滾燙的熱淚／都是　為了你／而／滴落」，怎不叫那身邊的男子心碎！不管這段戀情後來如何？總是女詩人永遠難捨的戀情，「只因你是我生命中的／唯一」，多麼淒美的故事。

「香囊」中還有許多賺人熱淚的情史，「重新來過」她願意，「心歌」是詩人曾經期盼的一張「婚約」，「依舊」是初戀；從「井」中望天邊那顆星是古丁吧！「心靈伴侶」是女詩人的夢中情人；「故事」難忘，「昨夜的一陣雨／又把萬般情愁／牽起」；「山與石像」可能是一段無語的戀情，「只要有你」和「成長」有古丁的影子。

往昔，女詩人盡管譜出了可歌可泣的戀情，但現在心情必竟須要「沈澱」，讓永恒的情愛釀造成智慧，散發出光熱與力量，「紫色香囊」、「昨日，今日，明日」、「晚景」、「冬日小語」等四帖，我認為是女詩人情史的總結。

不管多麼深的愛戀或憎怨

如何激情難忘
都已成為過往的景象
……
只把感恩的好心情
收入
惜緣的
紫色香囊

「紫色香囊」

愛情在哲學家的眼裡
也許只是寫真的造境
可是對文學家來說
則是一生一世的

涂靜怡這一生一世注定了以愛情為事業，如愛情的執著精神經營「秋水」詩刊，以愛情的甜蜜溫柔經營每位詩友，以愛情的堅定精神經營「秋水詩屋」工程，而兩岸中國詩壇正是她揮灑詩畫愛情的舞台，這正是女詩人的「愛情史觀」。

參、「綠著春天」展覽出瀟灑男子的「唯美風景」

前述「香囊」通常深藏於閨閣臥室，或閨女懷中，不給外人看，只給情人賞。但「春天」就大大不同，春天在大地、原野、水湄、藍天、白雲間舞動、展覽，展示給人看，自己的情人卻反而無緣欣賞。

「綠著春天」全書有四十六首詩，其中竟有四十三首寫的都是客觀世界的景物（可看、可感、可聽、可觸摸到的風景、景觀），概以「風景」或一個「景」字簡稱，全書只有三首（一生中的兩樣情、想你的感覺、午與夜的十行），可以算是寫自己內心深處的感懷，從主觀的「我」出發，綠蒂善於寫景，本書就是範例，詩人在「春天」的自序中說，「我致力去探索生命一切美麗的風景和事物，也許我無法掌握或描寫它完整的輪廓，但『詩』讓它含蓄地成為一種優美的記憶。」❹可見詩人生命中最想追求的是美麗的風景，並用詩來記錄每一幅親臨感動過的景，成為一種珍貴、美麗的回憶，而不是那些情呀！愛呀！

綠蒂的景，寫的浪漫而唯美，並非始自「春天」一書，早在「坐看風起時」，詩人就提過，「對於偏愛風景的我，人生處處俱是避風的港灣。」，詩終究是這位瀟灑男子行旅的足跡履痕。❺難怪許多年前，詩人就已三上黃山，四訪西湖，也就不足為奇了。他不斷的捕捉客觀世界裡的美景，透過詩境提昇成一幅幅唯美的風景。

「春天」一書寫的都是風景，到底那些風景？為探索與欣賞的方便，全書可分三種「景」：㈠自然時序循環呈現的景象，㈡地理環境刻劃展示的景狀，㈢人文社會創造建立的景致。

首先，欣賞綠蒂捕捉自然時序循環呈現的景象，如春天、星月、風雪、黃昏、晨光、雲、雨及動植物等，都是叫詩人感動心弦的自然景象，自古以來就是詩人的好素材，如「床前明月光」，看這位瀟灑的詩人如何「操作」這些素材，端出一幅幅詩景：

今年春季
就在這場微雨中草草結束

平鋪在沙塵上的雨痕
是唯一未遺失的情節
……
不網獵驚喜
也不收穫親密

「春天記事」

我揭開海天一色的書
讀倦了一下午鹹味的風言風語
風翻到那頁，就讀那頁
重複閱讀了十年的故事
依舊是書頁邊模糊的指紋

「那個午后」

詩人的「春天」不是濃情親密，竟如此的恬淡單純，如「船過水無痕」，如「花叢中裡過，半點不染身」，一個詩樣的春天，有「炫麗的眼色」（詳見全詩），是詩人滿意的春天（去度假的地方），但最後留下的記憶情節，只剩下「沙塵上的雨痕」，詩人的世界如此空靈，賞過春色便「放下」了。

「那個午後」的風最可愛，竟來幫詩人翻書，詩人也真瀟灑，有心無心隨意的讀，風翻到那讀到那，而那風也許真的是「風」，但也許是一個伴讀十年的「紅粉知己」，否則怎會有「重複閱讀了十年的故事」呢？我們繼續賞景：

裁剪整幅的藍天
做最寬闊的帳幕
以屋頂赭黃的琉瓦
鋪成背脊不陷落的硬床
星爍是不需電源的嵌燈
對流雲是容易滑走的被

「擁星月入懷」

春天還是來了
雖然沒有我期盼的燦爛風景
鳥語花香的首演還是轟動了大地的票房
溫暖的綠色肌膚擁抱了草原
蝴蝶們匆忙的眷顧間
……
你還是走了
……
歸程在有你的夢中無限伸延

「在有你的夢中」

多美的「自然景觀」！「多情」的自然景觀！詩人一個人立於天地間自然場景中，是孤寂也不孤寂，因為詩人「與天地合一」，藍天、流雲、蟬鳥都是詩人的紅粉知音，但在「在有你的夢中」那個春天，就有「人」相伴，春天過後「你還是走了」，終於在詩人心海中牽起一圈圈漣漪，詩人心中還是有一份尚未放下的情，使得「歸程在有你的夢中無限伸延」。

詩人借景表情，與景對話，人景合一，可謂到了出神入化的境界，例如「在微風的古城向晚」、「秋分‧旅人」、「黃昏與海」等，讓我們看到一個瀟灑的詩人，與日月星晨、午夜清晨或春天鳥蟲，一起共度黃昏，或共賞夕陽，詩人若非有個半個世紀的寫作與人生歷練，絕難有這樣空靈又真實的詩境。

第二，是詩人展覽出一幅幅地理環境刻劃的景狀，如山水、大地、江河、湖海、冰川、島嶼、飛瀑、懸崖、高峰、深谷，乃至滄海桑田等，場景多且美，這也表示詩人不知走過幾個萬里路了（都有證據可查）

峻奇了千年的雲山勝境
登峰抵頂
倦旅的負荷

霧化為山色隱約的鬱綠
來不及訴說江山如畫

「山水長卷——記遊張家界」

在湖的千島　看千島之湖
是一面面綠的、藍的、或金色的流漾
是一面以水紋與風姿織就的圖案
波光掩映
湖　浸染成深秋的畫卷

「千島之湖」

張家界的江山如畫不是來不及說，而是「說不出來」，一景一景又一景，都是「峻奇了千年的雲山勝境」，美不勝收，目不暇接，也就來不及說了。這首詩後句還有「回首飛逝的青春／如獵鷹俯視追尋／攬山握雲的詩情」（詳見全詩），顯見詩人對美景的追尋是迫切的。因為江山永恆多嬌，而人生如白駒過隙，且白雲蒼狗，何時能再看妳一眼呢？每思及此，就如獵鷹般到處獵取勝景，而那千島之湖如畫，水紋與風姿，交織舞動，浸染成深秋的美景更不能錯過，接下來觀賞更不一樣的風景：

絲路的長旅停歇在迎風的橋畔
金燦的夕陽落在向西奔流的伊梨河
目光還未游越多風的對岸
白楊樹已整齊羅列
編織成異國情調的圖案

「向西奔流的鄉愁——伊梨河記遊」

大理的風花雪月
貼印著白族人的熱情
流淌在雲南的記遊裡
那日信手翻閱

或者刻意回顧
皆如吉光片羽閃耀動人

「吉光片羽——大理的風花雪月」

當雪雕成一個純美的意象
孤寂的深情是未竟的殘句
埋入妳千年不化堅貞的神話
沒有地址
只有標高
巔峰的雲與蒼鷹
為我遞回風衣沾雪的戳記

「永遠的少女峰」

在詩人眼中每個景都是一個「神話」，夕陽落在向西奔流的伊犁河，大理的風花雪月，雪雕成一個純美的意象，儘管這些場景都是自然環境刻劃而成，並沒有人力的加工或佈局，詩人依然營造出絕美的詩情，讓讀者感受到一種淡淡的詩意。

最後是人文社會創造建立的景緻，如橋、寺、塔、燈火、城鎮、樓台、驛站、廣場、神殿、名勝古蹟等，這部份其實是中外詩人最常入詩的題材，「綠著春天」一書中四十六首詩，絕大多數有人類創造之文化與文明，由人與自然交織而成的景緻。

山風簌簌垂落的
是遠方鄉愁的聲音
回首的暮色
流淌在遠處
模糊又清晰地
逐漸亮起夜初的燈暉
將往事拓印成典雅的紋路

「和南寺鐘聲」

風隨鐘聲夜泊
於和南寺美麗的清寂

今夜堅持沈默
就是不問百花亭主
只飲　為過客端上的一碗茶
只宿　為旅人打掃的一間房
也執意不濯洗流浪的行腳
不緆亂那桶水
那桶從一方古月井裡汲來的水
以免踩到月亮
裂碎了古井的心

沈思不語的山寺月色
悄悄地白淨了大地的喧雜

「和南寺的午與夜」

這是兩帖和南寺的詩景，在傳統中國文人詩作裡，以寺入詩有提昇境界的作用，詩可美化寺，寺可淨化詩的意象，而整幅詩畫之中，又包含古寺、明月、山風、鐘聲和古井等，各有角色與作用。「春天」這兩首寫和南寺的詩，不僅「詩中有畫，畫中有詩」，且有音樂。

寺院本是清淨之地，詩人來到和南寺後，一顆心不僅清潔而變得更柔軟，竟連腳也不忍伸進水桶洗，「以免踩到月亮／裂碎了古井的心」，整個和南寺處在「淨、靜、空靈」三種意象之中。另外，名勝、古蹟也是「春天」一書描寫的重點。

澳門的夜　是自行綻開的睡蓮
典雅了屬於自己的季節
在六十一層的高塔上

「夜點亮了澳門——登旅遊塔」

緊裹著霧紗晨褸的湖
慵懶地等待穿雲的陽光
來梳理豔色動人的顏面

「喀納斯湖之晨」

風佇立在圖書館的遺址
翻閱著歷史的舊冊
眉批古文明的智慧
維納斯雕像傾圮的石柱
支撐著最後宏偉的古典

「在微風的古城向晚——艾菲索斯古城記遊」

詩人寫景多麼鮮活，把景寫「活了」、「澳門的夜是自行綻開的睡蓮」，穿著晨褸的湖、風佇立在圖書館⋯凡此，也許就定位成「綠蒂式風景手法」，其他如香雲樓散記、記圖瓦族部落、亞里斯多德廣場、洛磯山脈記遊、瑞士阿為阿雅山谷紀遊、萊茵飛瀑等，一幅幅鮮活的詩景，在虛無縹緲間忽隱忽現，如果你淨心讀他任一首詩，詩人將引你賞景，讓你進入詩畫之中，化景成仙境，讓你也成仙山中的仙人。

肆、兩個世界的交通與統一

本文前述「涂著香囊」，從作家的內心世界出發，賞讀她的主觀世界之情意，而「綠著春天」則從作家的客觀世界出發，賞讀他的客觀世界之風景。這原本只是一種研究或品讀方法之一，分類也只是為知識求取的方便，例如我們常把李白歸在「浪漫派」，把杜甫歸在「寫實派」；或說詩經的風格是寫實主義的，屈原的作品（離騷、九歌、天問等）則是一種唯美、空靈的色彩。

作家到底要寫主觀世界的情意？還是寫客觀世界的景致？本來就是永不冷卻的話題，例如西洋文豪中，莎士比亞、佛祿拜爾等屬客觀主義者，作品不流露自己主觀的情意和形跡，把自己潛藏起來，只寫客觀世界的真實。反之，哥德、迭更斯和海明威等，則大概是主觀主義者，從自我出發，寫自我內心世界的情意，以自己的生命、經驗為其寫作的泉源。

到底一流的作家、詩人，一流的作品，能否被這樣用「二分法」加以區分？嚴格說來是不能，也是不對的。能成「經典」之作者，不管是作家或作品，其「主觀世界」和「客觀世界」必須是可以交通，進而又可以統一的；若不能，便是一種「偏執」的，偏執於主觀不對，偏執於客觀也不對，都難成上乘之作。所以，上乘經典是統一完整的，不偏執的，「六祖壇經」有一段對話：

簡曰：如何是大乘見解？

師曰：明與無明，凡夫見二，智者了達，其性無二，無二之性，即是實性，實性者，處凡愚而不減，在聖賢而不增，住煩惱而不亂，居禪定而不寂，不斷不常，不來不去，不在中間及其內外。不生不滅，性相如如，常住不遷，名之曰道。❻

原來，上乘之作是不落兩邊的，不偏於左，不偏於右，當然就不能偏執於主觀，也不能偏執於客觀。所以，不論作家或作品，其主、客的兩個世界，要「交通」而達到「統

一」，這就有賴「蟲洞」形成的二要件。以下用「二要件」來觀察「涂著香囊」與「綠著春天」。❼

第一個要件是「真善美」，任何藝術作品多少必須合於真誠實在、良善慈悲與唯美純淨等要求（本質），孟瑤在寫「中國文學史」，寫到屈原時很感嘆的說，「詩人沒有真性情，何得稱之為詩人？」❽司馬遷在「史記」中如此禮贊屈原：

其文約，其辭微，其志潔，其行廉，其稱文小而其指極大，舉類邇而見義遠。其志潔，故其稱物芳。其行廉，故死而不容自疏。濯淖汙泥之中，蟬蛻於濁穢，以浮游塵埃之外，不獲世之滋垢，皭然泥而不滓者也，推此志也，雖與日月爭光可也。❾

世間何者可與日月爭輝？不是金銀財寶，也不是一頂高高在上的「烏紗帽」，而是一種「真善美」的特質與作為，如屈原（人與作品）能與日月爭光，萬古不朽，便是「真善美」，曾獲諾貝爾文學獎的法國文豪紀德就認為，真誠是文學和道德上的最高守則，做人何嘗不是！

「涂著香囊」中的每一首詩，至情至性，優美誠樸，可算是涂靜怡「唯美詩風」的代表作，他主編的「秋水」詩刊也以唯美風格著稱於世，以純誠的心進行兩岸文學交流。凡此，涂靜怡（人和「香囊」）真善美的境界，確已獲得兩岸文壇的「認證」。

「綠著春天」也以營造客觀世界的唯美風景著稱，向陽先生寫序時指稱，綠蒂終於找到了最能彰顯他的「美麗的聲音」的特色。綠蒂也可以真摰、純誠的心領導文藝協會，推動兩岸文學交流，「春天記事」乃真善美之作，卻不一定是「綠蒂式唯美風景」的代表作，因為「春天」之後尚有「夏天」、「秋天」、「冬天」，尚未盡出，未可知也。

只要具備「真善美」要件，詩人的主觀世界和世界就是統一的，思想就是完整的，而不是偏執一方。

第二個要件是「中國風格」，並沒有一定的定義來為「中國風格」下個界說，但有一定的內涵與精神。要用中國文字創作中國文學，寫中國詩歌，人及其作品都要植根於「詩經、九歌……學庸論孟……、唐詩、宋詞、元曲、…現代詩及其他」的五千年大河源流，從這條大河中再創造點點滴滴，從這千年深厚土壤中去開展繁花枝葉，任何想要放棄大河源流，或「推翻」千年根基，用「橫的移植」寫中國文學，都只弄出一堆用中國字寫，讓中國人（乃至華人）也看不懂的東西，即是一條「死路」。

早在民國六十六年，邢光祖先生寫「中國新文藝大系」序，就談過這個問題，中國文學在歷史上的任何改革，不是以號角鼓吹的，不是以革命號召的，每一種文學風尚的引進，每一個文學時代的開創，無不循著自然的軌道，隨著時勢的推移，由創制而引發倣效，由倣效而蔚成風氣，終於匯入傳統的主流。❿可見脫離了中國文明與文化，便不是中國文學，但前面也提到，中國文學有很多繁花枝葉—地方文學或叫鄉土文學，也同樣須要「母體」活水的涵養，否則也會失根失水而死。

「涂著香囊」和「綠著春天」兩書，有著真善美詩風的中國文學內涵，是值得賞讀的現代詩作品。論兩書的「重量」尚不能與屈原、李杜等並稱，但絕對是當代現代詩市場上佔有率和可讀性皆高，且可為代表作之作品。此處無法針對每首詩解讀，讀者須自行細加品賞，便知道「真善美」在那裡？

前面所提的兩要件，第一個（真善美）是普遍性要件，可以「放之四海皆準」，任何文學作品（中國、西洋⋯）只要合乎「真善美」，就會是好作品，這是沒有疑問的。因為有了真善美，作家與作品的思想就是完整、統一的，不會造成偏執，乃至破碎。第二個（中國風格）是「特定要件」，寫中國文學而沒有中國風格（內涵、形式結構），便叫人看不懂，讀不下去。如此，作家、作品和讀者便不能溝通，主客兩個世界不能溝通，「蟲洞」便無從形成。

伍、結語

本文賞識的兩位名家，一個是素有「愛國女詩人」又善寫情愛的涂靜怡，「擁有一顆善感的心，喜歡織夢，喜歡享受孤獨，愛詩，也愛畫畫和一切美的事事物物……」、「紫色香囊」正是這位多情女子的唯美世界，她的「愛情史」的純情錄。而其人，「秋水為神玉為骨」。

另一位是現任中國文藝協會理事長，風度翩翩的佳公子，「詩，是我對生命最美好的答語／詩，使我恆立於孤寂而免於孤寂」，亦可見詩人是用詩來記錄個人生命史的，受到他父親也是儒醫兼「愛國詩人」的影響，綠蒂浸淫詩創作半個世紀，「春天記事」是他最為唯美的風景。

兩位都是兩岸當代詩壇名家，筆者有緣獲贈他們的上乘之作，當然是放在皮包內，隨身攜帶，原先只是隨意翻閱，沒想到二書竟引人入化境，讓我走入他們的世界，欣賞他們的世界。再者，本文並未從現代詩的意象、語言、結構、技巧等去剖陳，卻從另一個似乎「形而上」的層面，探索人與作品的風格、史觀、人生觀、宇宙觀，乃至哲學思想，只想以宏觀視野，鳥瞰全局。

因所有感，草成本文，惟學淺筆拙，請詩壇先進賜教。

註釋

❶黃雍廉，「詩心譜曲了塵緣——讀涂靜怡「紫色香囊」詩集抒感」，涂靜怡，詩人的畫像（台北：詩藝文出版社，二〇〇三年七月三十日），頁四一一

❷涂靜怡，紫色香囊（台北：漢藝色研文化事業公司，民國八十九年十月），序頁五。

❸同註❶，詩人的畫像，頁三九四。

❹綠蒂，春天記事（台北：普音文化事業公司，二〇〇三年四月），序五。

❺綠蒂，坐看風起時（台北：秋水詩刊社，民國八十六年四月），頁五、一六九。

❻六祖壇經，護法品第九，有各種版本，本文用法爾文教基金會印（八十三年六月），頁一七七。

❼「蟲洞」是宇宙間不同的世界或時空，往來交通唯一的快速通路，目前只是科學家提出的「理論」，尚未驗證，所以也只能說「假設」。本文引用「蟲洞」概念，在解釋兩個世界（主觀、客觀），只要有二要件，便能交通，進而自我統一成完整的世界，人與作品的思想才會是完整的，而不是支離破碎的。

❽孟瑤，中國文學史（台北：大中國圖書公司，民國八十二年六月，四版），頁三十。

❾見史記卷八十四，「屈原賈生列傳第二十四」，漢・司馬遷，史記（台北：宏業書局，

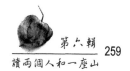

七十九年十月十五日），頁二四八二。

❿邢光祖，「當代中國的狂飆運動——寫在『中國新文藝大系』之前」，朱自清編，中國新文藝大系，詩歌一集（台北：大漢出版社，民國六十六年十一月三十一日），序頁一。

聖山傳奇錄──台大登山會大霸尖山群峰紀行

壹、小道之行也：起程──行經大鹿林道

台大登山會這次的大霸尖山群峰行，是承接「雪山論道」後的續戰，時間是今（九十一）年十月十八到二十日。以完成四座百岳為目標：大霸尖山（三四九二公尺）、小霸尖山（，三四四五公尺）、伊澤山（三二九七公尺）和加利山（三一一二公尺）等。此役參戰成員有領隊顏瑞和老師，嚮導陳義夫、陳及仁、許翠芳，戰友陳進旺、廖慶彰、陳朝琴、潘文傑、李平篤、李藩、賀格爾、顏瑞泓、涂美玉、蔡哲明、劉建昌、陸雲山、蔡素燕、宋玉生、吳聰敏、陳福成（筆者）、鄭美蘭、張玉珠、鄭添福、葉瑞堯、陳華國、蔡瑜、吳元俊、王福連、黃清三等共二十九人。

下了竹東交流道，接一二二號道，五峰重重，桃山疊疊，清泉悠悠，觀霧濛濛，直上青天與大鹿林道東線接軌。愈行愈深入叢林，兩側松濤峻嶺。

九彎十八拐，車與路總在互爭生存空間
上山下山的車常在窄路狹橋上對峙
牴觸成一對互不相讓的山羊
雙方以銳利的視線為觸鬚
進行武力試探，進退失據中
最後總在叢林法則機制的介入操作
各自找到上山與下山的路

大鹿林道本線，由南清公路台一二二號道，過五峰、清泉，到土場就是終點，至觀霧全長二十八公里，林道開設時，因連接至鹿場大山（今稱樂山），故取名大鹿林道。在觀霧附近，林道分成三線，分別通往樂山、榛山和大霸尖山。我們的行程是大霸尖山登山口，沿途都是珍貴的保有山林，包含台灣擦樹、二葉松、栓皮櫟純林等，山景連綿，美不勝收。

貳、客臨為探幽：登山口——進駐九九山莊

前往大霸尖山的登山口就在馬達拉溪邊，第一天接近正午時分開始棄車從步，每人大約背負二十公斤重裝。一過溪就進入一片森林，你開始感受到這是一個異於外界的詭譎環境，到處是巨木、奇岩、異草，芬多精讓你精神舒暢。比起向陽山的八小時重裝，今天的四小時路程顯得輕鬆許多，沿途

有兩億年仍能青春不老的蕨士家族
烏毛蕨、山蘇、過貓、筆筒樹、伏石蕨……
真是「族繁不及備載」
都在等著恐龍來品賞，卻都等嘸人
一個轉彎，進入一片箭竹林海，是山也是海
又過傾刻，已置身在紅檜與柳彬林中
如古人建造的一座座通天大橋，驀然

有株腐朽的巨木橫在眼前，阻擋大夥去路
一個老者大喝一聲，一掌劈斷，雙掌推開
又是一條路，路是人走出來的
羊腸小道上佈滿車前草，像極生命力強的中國人
落葉窸窣，以為是老子或莊子的跫音
走在下坡的路上，桐葉在風中凌波微步
走在陡坡的路上，如上青天，如求人

遠遠望見九九山莊時，已是下午四點多，高山天黑的快，迎著晚風、蘆花，又過一片箭竹林。「柳岸花明又一村」，山莊已佇立在眼前，在向我們歡呼叫好。戰友們卸下行頭，分配床位，主廚也開始做飯。「九九山莊」因海拔二六九九公尺而得名，與雪山的「三六九山莊」相比，這裡可算「五星級」的高山住宿平台。

不到六點吃晚餐時，月亮已可從近處的林梢望過，高掛在黛烏朦朧的遠山頂上。杜小山有詩：「尋常一樣窗前月，才有梅花便不同。」我們在高山上邊吃飯邊賞月，已有大大

不同的感覺。

今夜，繁星點點。明月多情，如金、如銀、如玉，我卻希望她是一個圓圓、熱熱、嫩嫩、香香的荷包蛋。

參、聖山傳奇錄：烏鴉和 Sisilek 的故事

第二天晨五點，我們從九九山莊輕裝出發，準備以十二小時攻下四座百岳，大霸尖山是主目標。根據泰雅族和賽夏族的古老傳說，大霸尖山是人類始祖出生的聖山。太古洪荒時代的某一天，從天空降下一塊巨大的「天來石」，落在大霸尖山頂上，岩石裡藏有一男一女。烏鴉和一隻名叫「Sisilek」的鳥知道後，每日來石頭邊，祈禱著人類出生。有一天，Sisilek 祈禱奏效，轟然一聲巨石崩裂，從巨石中走出一男一女，後來兩人結成夫妻，繁衍子孫，她們就是人類的始祖。

現今大霸尖山上留有十幾塊大岩石，據說就是「天來石」的遺跡。這裡也成為族人及子孫們的聖山，在台灣山岳界則為三尖之一（另兩尖是中央尖山和達芬尖山）。

九九山莊到大霸尖山約四個多小時步程，中途經三〇五〇高地、伊澤山、中霸尖山諸三千公尺以上大山。沿路景色壯麗，處處可見寒松、冷杉、扁柏、高山杜鵑，而隸慕華鳳

仙花，全世界只有本區有大群落分佈，非常珍貴稀有。

愈接近大霸尖山，風愈大，霧愈濃。在接近到大約離大霸基體一百公尺，我們進入一道由金屬鋼管建造的「時光隧道」，時光機，開始運轉：

雲霧縹緲間，以為是到了西遊記中的南天門

兩側深淵中，風暴飆起，有蛟龍翻騰

寒風夾殺過來，如劍如刀，霸氣凌空想要吃人

我們活像在銀河系飄飖的太空船

我們是終極挑戰者，無畏前行，向未知探索

果然，在朦朧中，隱約看見大霸聳壑昂霄

端成一座巨大、永恆、莊嚴的黑臉關公

因為天候惡劣，風勢太強，能見度又低，危險性又高。而大霸三面為垂直峭壁，只有

東側加設的鋼梯九段攀爬，近來也因風化嚴重，鋼梯已拆除。霸頂此行是不能上去了，不過能到霸基座底已算攻上大霸尖山。再前進是通往小霸尖山的路，因太危險有三分之二的人就此打住，不再前行。只有合筆者在內共有十二位，決定向終極挑戰，繼續向前推進，積極攻略小霸尖山。

肆、雲深不知處：攻略小霸，回程撿到伊澤和加利山

要通過大霸基底下的路也是危險，左邊是高峙穹窿的大霸基體，還不斷滴下冰融化的水，心頭「卜通！卜通」的打響，隨時掉下石頭打中身體任何一處，都「不須急救了」。右邊是深不見底的深淵，雲霧如蛟龍般在翻湧，一不小心掉下去，也「不須急救了」。

在半空中的斷崖上鑿出一條三十公分寬的路，而前方因風大霧濃，伸手不見五指，十二個人，步步驚魂，好不容易通大霸。

大霸到小霸約三十多分鐘，只是今天「雲深不知處」。沿途巨石成堆，落石滾滾。路邊的圓柏成為吸引目光的景觀，不少已是數百年的長老，但因風雪的打壓，生長成匍匐低矮的奇特造型。這種「兩極對決」的鬥爭，活像數百年來，西方帝國主義、資本主義，乃至今天的美式帝國主義，對亞、非弱小民族，對回教世界的打壓。以行民主之名，擴張其

利益，行侵略之實。而這些弱小者（圓柏）始終無可奈何！每次看到高山圓柏，我都思索著如何對弱勢者保護的問題。所謂「社會正義」，並非保護優勢者，而要置重點於弱勢者。

攀爬小霸的難度不亞於大霸，因為小霸頂是由許多巨岩，層層疊疊堆積而成，從霸基到霸頂也有約五十公尺的垂直峭壁。每個人都要「四點著地」，攀住岩縫，抓緊岩塊的凸出處，危機重重，此時

縱使你是一隻「雪山飛狐」也沒路用
我們是一隻隻蝙蝠
身體可以高懸，或和岩層緊緊擁抱在一起
恨不得學那六祖慧能，把肉身潛藏深入岩石內
以避開十級飆風、五度寒氣及不確定落石追殺
可惜，道行不足，只能掙扎於萬呎高空中
夢想自己是顛峯戰士，又創造一項自己的記錄

終於攀上小霸尖山頂，雲霧瀰漫其間，風勢稍弱（感謝神）。

應十二位最後攻略小霸的勇者要求。本文應忠實在「台大山訊」留下「歷史真相」，這十二位勇者是：陳及仁（嚮導）、陳進旺、潘文傑、李藩、賀格爾、陸雲山、蔡素燕、宋玉生、吳聰敏、王福連、黃清三和陳福成（筆者）。

大約中午，太陽忽然出現，可以看到群山壯麗，馬洋山、東霸尖山和雪山都隱約可見。數分鐘後濃霧又起，太陽不見了，吃些餐點，只好下山。

下山要安全漂亮，也是另一種智慧修行。經過伊澤山和加利山，都是百岳之一，大家都說是「撿到」的。回到九九山莊已是下午五點多，筆者是今晚主廚，給大家吃一頓好飯，睡個好覺，明天好踏上愉快的歸程。

伍、完美的結局：今年從向陽、三叉、雪山到大霸尖山

人世間有「完美」的事嗎?四十歲之前的人可能說「有」；之後的人，就斬釘截鐵的說：「沒有」。但，當我們把時空因素限制在小範疇的局部內，這種完美就可能到處存在於人生或社會之中。

十月二十日晨六時半，我們全隊人馬，以整齊蓬勃的隊形，在領隊顏教授大喊「報

數」，二十九人到齊後，開步下山。而永不下山的，是那種完美的感覺。

更珍貴是一個系列的完美，五月的三叉向陽嘉明湖行、七月雪山行，及此次大霸群峰行。隊員們私底下「竊竊偶語」。希望登山會開發國外登山，未知美夢何時成真？有空谷傳聲，聞之者，跫然而喜：

在原始古樸的心林世界中
我深入妳的體內，在蜿蜒起伏的眼神裡探幽
分不清是山？是海？還是叢林
總之，過了一山又一山，越過一海又一海
我只是在編織一朵朵璀璨的美夢
任由白雲追逐千層浪，風追逐萬萬白蘆花
而我，追逐我想要的
縱然一剎那，也是永恆的完美

本文刊於92年元月「台大山訊」